Ernestine Fittkau

Lieblingssocken

33 Modelle zum Wohlfühlen

CHRISTOPHORUS

Inhalt

Socken zum Wohlfühlen

Ernestine Fittkau ist Diplom-Pädagogin und arbeitet als Leiterin von pädagogischen Kursen und Kreativkursen in der Erwachsenenbildung. Im Christophorus Verlag hat sie bereits viele erfolgreiche Bücher im Bereich Hobby und Gestalten veröffentlicht.

Socken zu stricken ist ein Trend, der inzwischen die halbe Welt erfasst hat. Ob in Amerika, England, Skandinavien oder in Deutschland, überall finden sich kreative Menschen, die leidenschaftlich gern Socken für sich, für Freunde und Verwandte stricken. Dafür mag es verschiedene Gründe geben, vielleicht der wichtigste: Stricken wirkt auf wunderbare Weise entspannend, fast wie eine Meditation. Und zum Sockenstricken braucht man nicht viel: ein Nadelspiel aus fünf Nadeln und etwas Wolle. Bereits 100 g Garn genügen, um ein Paar Socken bis Größe 42 zu stricken.

Noch ein Grund mag sein, dass man „so nebenbei" stricken kann: unterwegs in der Bahn oder im Bus, gemütlich vor dem Fernseher oder beim Musikhören, allein oder gesellig in der Runde. In vielen Städten gibt es inzwischen sogar Stricktreffs oder Strickcafés, in denen Fans zusammenkommen, um Erfahrungen über Garne, Muster und Designs auszutauschen. Sockenstricken ist ein unerschöpfliches Thema, das immer wieder neu begeistert.

In diesem Buch wird eine Vielzahl an neuen Socken-Ideen für Babys, Kinder, Jugendliche und Erwachsene gezeigt, wie z. B. flotte Sneakers, tolle Kuschelsocken, praktische Wandersocken, hübsche Stulpen, bequeme Hüttenschuhe und vieles mehr. Ob Sie die Socken nun für sich selbst oder für Ihre Familie und Freunde stricken, Sie finden hier sicher für jeden die richtigen Lieblingssocken.

Ich wünsche Ihnen viel Freude und gutes Gelingen

Ihre

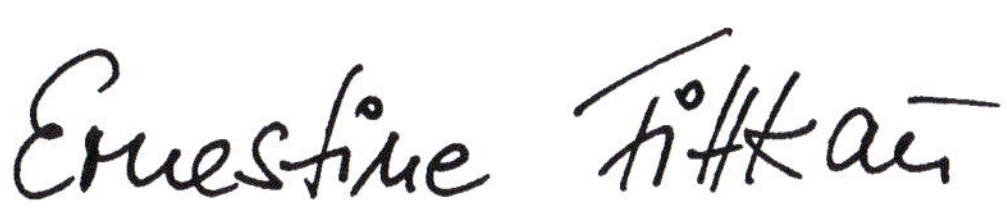

Herzlichen Dank an die Firma Coats,
die freundlicherweise die Materialien zur Verfügung gestellt hat.

Socken einfach stricken

Das brauchen Sie

Stricknadeln

Der Fachhandel bietet Nadelspiele in verschiedenen Stärken und aus verschiedenen Materialien, z. B. aus Metall, Kunststoff oder Bambus, an. Bambusnadeln sind besonders beliebt, da sie gut in der Hand liegen, die Wolle aufgrund der glatten Oberfläche leicht gleiten lassen und sich auch nach längerem Stricken keine Ermüdungszeichen einstellen. Allerdings können sehr dünne Bambusnadeln auch leichter verbiegen oder brechen als Kunststoff- oder Metallstricknadeln.

Zopfmusternadel

Eine Zopfmusternadel ist ein Hilfsmittel – wie der Name schon sagt – zum Stricken von Zopfmustern, s. Seite 10. Die Nadel ist in der Mitte gebogen, damit die stillgelegten Maschen nicht so leicht herunterrutschen können. Zopfmusternadeln gibt es in verschiedenen Größen, z. B. 2,5 mm und 4,00 mm.

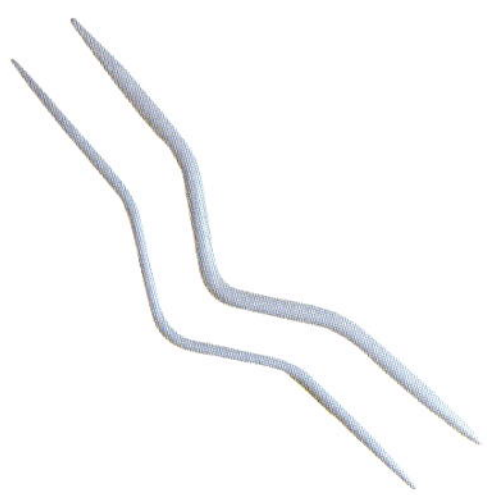

Häkelnadel

Bei verschiedenen Socken benötigen Sie eine dünne Häkelnadel.

Sticknadel

Sticknadeln gibt es spitz oder abgerundet in verschiedenen Stärken. Zum Aufsticken eines Motivs auf die Socke verwenden Sie am besten eine abgerundete Sticknadel, so kann der Faden nicht durchstochen werden. Mit dieser Nadel werden am Ende der Strickarbeit auch die Fäden vernäht.

Maschenprobe

Eine Maschenprobe ist die beste Voraussetzung dafür, dass Ihre Socken gut gelingen und auch die richtige Größe haben. Sie dient dazu, Ihre individuelle Strickweise mit der Maschenprobe des ausgewählten Garns zu vergleichen. Sie finden die Angaben bei den Anleitungen im Buch, aber auch auf jeder Banderole, die das Wollknäuel umschließt. Dort ist auch die für diese Wolle empfohlene Nadelstärke angegeben. Wenn Garne verschiedener Qualitäten verwendet werden, richten Sie sich bitte nach der im Buch genannten Nadelstärke, auch wenn sie von den Angaben auf der Banderole abweicht.

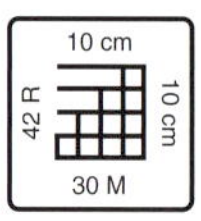

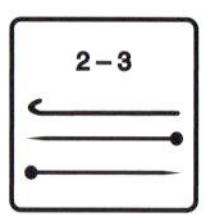

So machen Sie die Maschenprobe:

1. Die Maschenprobe mit Originalgarn im beschriebenen Muster mindestens 12 x 12 cm groß stricken.
2. Die Maschen und Reihen im Bereich von 10 x 10 cm auszählen.
3. Die gestrickte Maschenprobe mit der im Buch angegebenen vergleichen.

- Ist Ihre Maschenprobe fester, d. h. Sie haben mehr Maschen und mehr Reihen gestrickt, so verwenden Sie für die eigentliche Strickarbeit eine etwas stärkere Nadel.

- Ist Ihre Maschenprobe lockerer, d. h. Sie haben weniger Maschen und Reihen gestrickt, so verwenden Sie eine etwas dünnere Nadel.

Damit alles passt, sollten Sie Ihr Strickstück zwischendurch immer wieder kontrollieren.

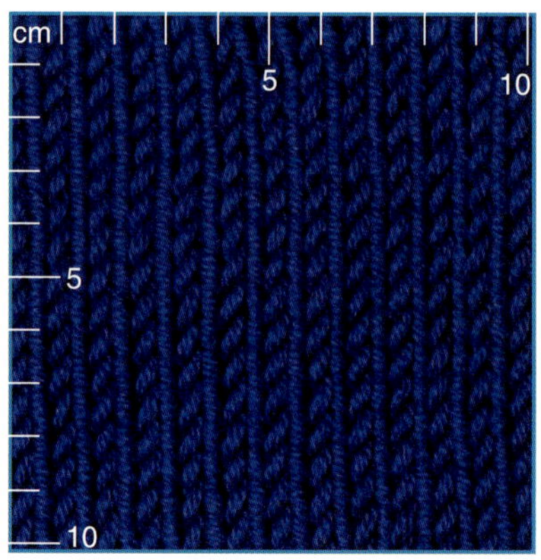

Strickschrift

Eine Strickschrift ist eine grafisch dargestellte Strickanleitung. Sie erleichtert es, das Strickbild zu erfassen und eventuell auch eigene Änderungen vorzunehmen.

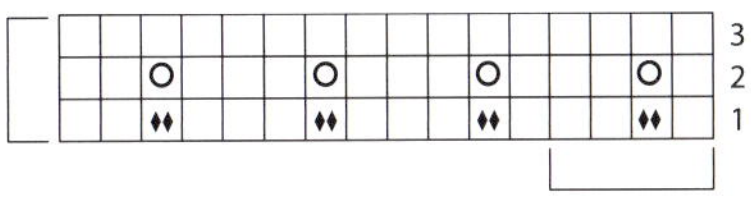

Bei der Strickschrift entspricht jedes Kästchen einer Masche und jede Zeile einer Maschenreihe. Die Nummern an der rechten Seite bezeichnen die Maschenreihe. Sie lesen die Strickschrift von rechts nach links und von unten nach oben. Die Symbole in der Strickschrift stehen für die Maschen, die an dieser Stelle gestrickt werden müssen.

Der Rapport ist seitlich und unten mit eckigen Klammern dargestellt. Beim Rapport muss die Maschen- und Reihenzahl wiederholt werden.

Intarsienmuster (Einstrickmuster) werden nach Zählmustern eingestrickt. Die Symbole geben die Farben an. Die Fäden der einzelnen Farben müssen auf der Rückseite der Arbeit locker mitgeführt werden und dürfen nicht zu fest eingestrickt werden, da die Strickarbeit sonst zu eng werden kann.

Außerdem gibt es Stickschriften, die angeben, ob im Maschenstich oder im Kreuzstich auf die Strickarbeit gestickt wird und in welcher Farbe.

Die verwendeten Zeichen werden jeweils direkt bei der abgebildeten Strick- oder Stickschrift erklärt.

Stricken mit dem Nadelspiel

In der Regel werden Socken mit einem Nadelspiel gestrickt, da es sich für kleinere Runden gut eignet. Ein Nadelspiel besteht aus fünf Nadeln. Die benötigte Maschenzahl wird gleichmäßig auf vier Nadeln verteilt, die Maschen werden dann mithilfe der fünften Nadel zur Runde geschlossen. Die fünfte Nadel dient als Arbeitsnadel.

Anschlagen

Es gibt zwei Möglichkeiten die Maschen anzuschlagen:

I. Alle Maschen zunächst nur auf einer Nadel anschlagen und dann in gleichmäßiger Anzahl auf die zweite, dritte und vierte Nadel glatt rechts stricken. Die Runde mit der fünften Nadel schließen. Der Rundenübergang liegt stets in der hinteren Mitte zwischen Nadel 1 und Nadel 4. Der kleine Absatz, der hierbei entsteht, lässt sich nahezu unsichtbar und mühelos mit dem Anschlagfaden vernähen.

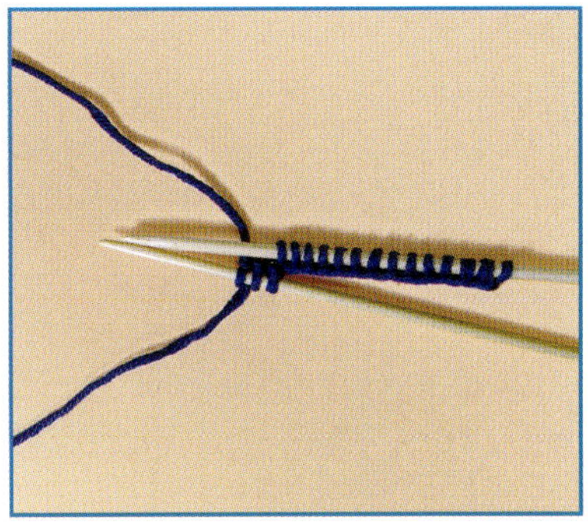

II. Mit der ersten Nadel das erste Viertel der benötigten Maschenzahl anschlagen, dann mit der zweiten Nadel das zweite Viertel, mit der dritten Nadel das dritte Viertel und mit der vierten Nadel das letzte Viertel. Alle Nadeln zu einem Quadrat legen, dabei darauf achten, dass Maschen und Anschlussfaden nicht verdreht sind.

Mit der fünften Nadel die erste Masche der ersten Nadel rechts stricken und das Quadrat somit zur Runde schließen. Dabei darauf achten, dass alle Maschen eine Runde ergeben, die „plan" und nicht verdreht ist. Der Rundenübergang liegt in der hinteren Mitte zwischen Nadel 1 und Nadel 4. Hier kann man zur Markierung einen andersfarbigen Faden einknüpfen.

So geht's

Teile einer Socke

Eine Socke setzt sich aus folgenden Teilen zusammen:
Bündchen (1), Schaft (2 inkl. 1), Ferse (3), Fuß (4) und Spitze (5).

Umrechnungstabellen

Alle Anleitungen beziehen sich nur auf die Größe und das Material der jeweils abgebildeten Socken. Die Modelle können aber auch in anderen Größen gestrickt werden. Die ganz hinten im Buch abgebildeten Tabellen zeigen Ihnen, wie viel Maschen je nach Größe und Garnsorte Sie anschlagen, zu- und abnehmen müssen. Falls ein Musterrapport angegeben ist, vergleichen Sie ihn bitte mit der von Ihnen benötigten Maschenzahl.

Anschlag

Die erforderlichen Maschen werden gleichmäßig auf vier Nadeln verteilt angeschlagen (siehe „Stricken mit dem Nadelspiel", Seite 7) und zur Runde geschlossen.
Der Rundenwechsel ist jeweils in der hinteren Mitte zwischen der vierten und der ersten Nadel und gut durch den Anfangsfaden zu erkennen.

Bündchen

Nach dem Anschlag wird das Bündchen in Runden gestrickt, z. B. zwei Maschen rechts, zwei Maschen links im Wechsel. Das Bündchen ist Teil des Schafts.

Schaft

Im Anschluss an das Bündchenmuster wird der Schaft in Runden weitergestrickt. Folgen Sie den einzelnen Anleitungen, Muster und Länge sind dort vermerkt.

Bumerang-Ferse

Die Bumerang-Ferse wird in zwei Arbeitsgängen und in Reihen gestrickt, in der Regel glatt rechts und über die vierte und erste Nadel. Die Maschen der zweiten und dritten Nadel werden nicht gestrickt und auf eine Nadel gelegt.

Tipp: Wer ein zweites Nadelspiel hat, lässt die Maschen auf Nadel 2 und 3 und verwendet eine sechste Nadel als Arbeitsnadel (1. Abb. S. 9).

Die Maschen der vierten und ersten Nadel auf drei Nadeln verteilen. Wie die Maschen auf diesen drei Nadeln verteilt werden, ist in der Größentabelle auf Seite 63 unter der Rubrik „Maschenzahl Bumerang-Ferse" angegeben.

Im ersten Arbeitsgang arbeiten Sie verkürzte Reihen von außen nach innen, d. h. Beginn ist bei der äußersten Masche von Nadel 4, danach werden die Maschen der mittleren Nadel und alle Maschen von Nadel 1 gestrickt:

1. Reihe (Hinreihe): Alle Maschen einschließlich der äußersten Masche von Nadel 1 rechts stricken und die Arbeit wenden.

2. Reihe (Rückreihe): Die erste Masche als eine „doppelte Masche" arbeiten. Dafür den Faden wie zum Linksstricken vor die Arbeit legen, von rechts in die erste Masche der linken Nadel einstechen und die Masche zusammen mit dem Faden abheben. Den Faden zusammen mit der abgehobenen Masche fest nach hinten ziehen, da sich sonst unschöne Löcher bilden. Durch das Nachhintenziehen von Faden und Masche entstehen zwei Schlingen auf der rechten Nadel: die „doppelte Masche". Alle weiteren Maschen einschließlich der äußersten Masche der vierten Nadel links stricken. Die Arbeit wenden.

3. Reihe (Hinreihe): Eine doppelte Masche stricken, dann alle weiteren Maschen der vierten, der mittleren und der ersten Nadel rechts stricken. Die doppelte Masche am Reihenende auf Nadel 1 nicht stricken, sie bleibt liegen. Die Arbeit wenden.

4. Reihe (Rückreihe): Eine doppelte Masche stricken und wieder bis vor die doppelte Masche auf Nadel 4 stricken, auch diese wird nicht gestrickt und bleibt liegen. Nun die Arbeit wenden.

Die dritte und vierte Reihe so lange wiederholen, bis alle Maschen der ersten und vierten Nadel als doppelte Maschen auf den Nadeln liegen. Die letzte doppelte Masche wird in einer Hinreihe gestrickt.

Nun der jeweiligen Anleitung entsprechend zwei „Extra-Runden" über alle Maschen und alle Nadeln stricken. In der ersten Runde die beiden Schlingen der doppelten Maschen (Beginn bei der äußersten Masche der Nadel 4, Ende bei der äußersten Masche von Nadel 1) wie eine einzige rechte Masche stricken. Bei der zweiten Runde liegen nun auf allen Nadeln einfache Maschen. Die zweite Runde endet am Beginn der mittleren Nadel.

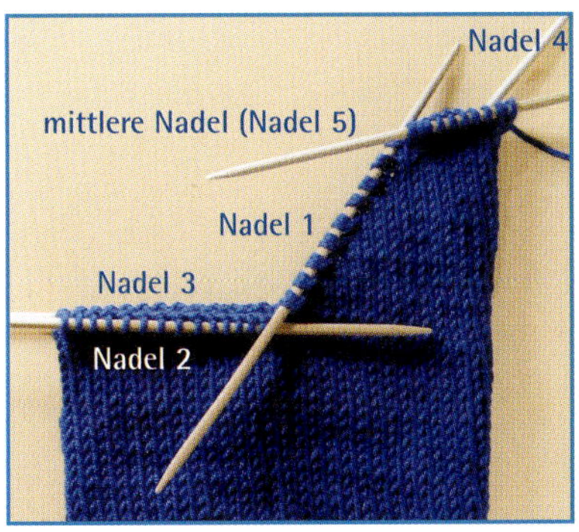

Beim zweiten Arbeitsgang auch mit verkürzten Reihen und doppelten Maschen arbeiten. Nur die Maschen der mittleren Nadel stricken.

1. Reihe (Hinreihe): Alle Maschen der mittleren Nadel rechts stricken, wenden.

2. Reihe (Rückreihe): Eine doppelte Masche stricken, alle weiteren Maschen links stricken, die Arbeit wenden.

3. Reihe: Eine doppelte Masche stricken. Alle weiteren Maschen bis zur nächsten doppelten Masche rechts stricken, diese wie eine einzige Masche rechts stricken, die folgende Masche der nächsten Nadel ebenfalls rechts stricken, wenden.

4. Reihe: Eine doppelte Masche stricken, alle weiteren Maschen links stricken bis zur doppelten Masche, diese und die folgende Masche jeweils links stricken. Arbeit wenden. Dritte und vierte Reihe wiederholen, bis alle Maschen von Nadel 1 und Nadel 4 auf der mittleren Nadel liegen. In Runden weiterstricken, dabei die Maschen auf vier Nadeln gleichmäßig verteilen und die fünfte Nadel als Arbeitsnadel benützen.

Fuß

Den Fuß nach der Anleitung in Runden stricken, dabei die Länge (Fersenmitte bis zum Beginn der Spitze) der Größentabelle entsprechend übernehmen. Tipp: Bevor Sie mit der Spitze beginnen, probieren Sie die Socke an, um festzustellen, ob die empfohlene Länge für Sie zutrifft. Die Spitze sollte beginnen, wenn der kleine Zeh bedeckt ist.

Spitze 1: Bandspitze

Die Maschen der ersten und dritten Nadel stricken, bis nur noch drei Maschen auf der Nadel liegen. Zwei Maschen rechts zusammenstricken, die letzte Masche rechts stricken. Bei der zweiten und vierten Nadel jeweils die erste Masche rechts stricken, dann die beiden folgenden Maschen „rechts überzogen" zusammenstricken: Eine Masche wie zum Rechtsstricken abheben, die folgende Masche rechts stricken und die abgehobene Masche darüberziehen.
Nach der Größentabelle abnehmen, bis nur noch acht Maschen übrig sind. Den Faden abschneiden, mit der Sticknadel durch die Maschen ziehen und vernähen.

Spitze 2: Sternspitze

Bei der Sternspitze wird in gleichmäßigen Abständen abgenommen. Dafür sollte auf jeder Nadel eine gerade Maschenzahl sein. Bei einer ungeraden Zahl zunächst die ersten beiden Maschen jeder Nadel rechts zusammenstricken. Die Maschenzahl durch zwei teilen und in jeder Hälfte die letzten beiden Maschen rechts zusammenstricken, die übrigen Maschen rechts stricken. Die Anzahl der Reihen zwischen den Abnahmen entspricht der Anzahl der Maschen zwischen den Maschen, die zusammengestrickt werden.

Beispiel:
64 Maschen: 16 Maschen auf jeder Nadel = zweimal acht Maschen für die Abnahme

- Erste Abnahmerunde: Auf jeder Nadel sechs Maschen stricken, zwei Maschen rechts zusammenstricken, sechs Maschen stricken, zwei zusammenstricken.
- Sechs Runden ohne Abnahme stricken.
- Zweite Abnahmerunde: Auf jeder Nadel fünf Maschen stricken, zwei Maschen rechts zusammenstricken, fünf Maschen stricken, zwei zusammenstricken.
- Anschließend fünf Runden ohne Abnahme stricken, dann vier Maschen stricken und zwei zusammenstricken und so weiter, bis nur noch zwei Maschen auf jeder Nadel liegen.
- Den Faden abschneiden, mit einer Sticknadel durch die Maschen ziehen und vernähen.

Hinweis

Die meisten in diesem Buch abgebildeten Socken sind mit der Bandspitze gestrickt worden. Stricken Sie einfach die Spitze, die Sie am schönsten finden, am liebsten stricken und die am besten zur jeweiligen Fußform passt.

Zopfmuster

Das Zopfmuster, bei dem mehrere Maschen miteinander verkreuzt werden, ist eine beliebte Stricktechnik. Es lässt sich vielseitig variieren und ist auch von Anfängern leicht zu erlernen.
Die Zöpfe werden mit einer Hilfsnadel (Abb. Seite 6) gestrickt, d. h. die entsprechenden Maschen werden jeweils auf der Hilfsnadel vor bzw. hinter die Arbeit gelegt.

Vier Maschen nach links verkreuzen

Zwei Maschen abheben und vor die Arbeit auf die Hilfsnadel legen, zwei Folgemaschen rechts stricken, dann die beiden Maschen der Hilfsnadel rechts stricken.

Vier Maschen nach rechts verkreuzen

Zwei Maschen hinter die Arbeit auf die Hilfsnadel legen, zwei Maschen rechts stricken, dann die beiden Maschen von der Hilfsnadel rechts stricken.

Strickschrift für Zopfmuster

= vier Maschen nach links verkreuzen

= vier Maschen nach rechts verkreuzen

Stickstiche

Kreuzstich

Basis für diesen Stich ist eine Masche: von hinten nach vorn ausstechen, den Faden diagonal über die Masche legen und an der gegenüberliegenden „Ecke" wieder einstechen. Nun die andere Diagonale sticken. Es entsteht ein Kreuz je Masche.

Maschenstich siehe Seite 60.

Babysöckchen

Alle Söckchen

Abbildung Seite 13

Für Babys • Größe M

MATERIAL

- *Nadelspiel Nr. 2 – 3*
- *Sticknadel, abgerundet*

Maschenprobe

30 Maschen und 42 Reihen = 10 x 10 cm

Glatt rechts

Hinreihe rechts, Rückreihe links bzw. in Runden jede Runde rechts stricken

Söckchen in Hellblau

MATERIAL

- *Regia Cotton in Ciel meliert (Farbe 0152)*

Bündchenmuster

Zwei Maschen rechts, zwei Maschen links stricken

ANLEITUNG

32 Maschen anschlagen, gleichmäßig verteilt zur Runde schließen, 8 cm im Bündchenmuster stricken.

Danach wie folgt weiterarbeiten: * vier Runden glatt rechts, eine Runde links * – von * bis * noch dreimal wiederholen.

Den Schaft mit vier Runden rechts beenden und dann die Bumerang-Ferse (s. Seite 8/9) beginnen.

Danach glatt rechts weiterstricken und nach einer Fußlänge von 6,5 cm mit der Spitze beginnen. Die Abnahmen nach der Anleitung von Seite 9 bzw. 10 stricken, bis noch acht Maschen auf den Nadeln liegen. Den Faden durch die Maschen ziehen und vernähen.

Beide Socken gleich arbeiten.

Söckchen in Hellorange

MATERIAL

- *Regia Cotton in Papaya meliert (Farbe 0126)*

ANLEITUNG

32 Maschen anschlagen, gleichmäßig verteilt zur Runde schließen und zwölf Runden glatt rechts stricken, so ergibt sich ein Rollrand. Dann 5 bis 6 cm glatt rechts bis zum Beginn der Ferse weiterarbeiten. Der Schaft ist bei ausgerolltem Rollrand ca. 8 cm lang.

Die Bumerang-Ferse nach der Anleitung von Seite 8/9 stricken.

Danach glatt rechts weiterstricken und nach einer Fußlänge von 6,5 cm mit der Spitze beginnen. Die Abnahmen nach der Anleitung von Seite 9 bzw. 10 stricken, bis noch acht Maschen auf den Nadeln liegen. Den Faden durch die Maschen ziehen und vernähen.

Beide Socken gleich arbeiten.

Babysöckchen

Söckchen in Rosa

MATERIAL

- *Regia Cotton in Rosa (Farbe 0137)*

Bündchenmuster
Zwei Maschen rechts, zwei Maschen links stricken

ANLEITUNG

32 Maschen anschlagen, gleichmäßig verteilt zur Runde schließen und 8 cm im Bündchenmuster stricken. Die folgenden beiden Runden glatt rechts stricken.

Die Bumerang-Ferse nach der Anleitung von Seite 8/9 arbeiten.

Den 6,5 cm langen Fuß und dann die Spitze glatt rechts stricken. Die Abnahmen nach der Anleitung von Seite 9 bzw. 10 ausführen, bis noch acht Maschen auf den Nadeln liegen. Den Faden abschneiden, durch die Maschen ziehen und vernähen.

Beide Socken gleich arbeiten.

Söckchen in Hellgrün

MATERIAL

- *Regia Cotton in Sittich meliert (Farbe 0172)*

Bündchenmuster
Eine Masche rechts, eine Masche links stricken

Grundmuster

- ** Zwei Runden eine Masche rechts, eine Masche links stricken*
- *zwei Runden eine Masche links, eine Masche rechts * stricken*
- *von * bis * wiederholen*

ANLEITUNG

32 Maschen anschlagen, gleichmäßig verteilt zur Runde schließen und 8 cm im Bündchenmuster stricken.

Dann zwei Runden glatt rechts und 4 cm im Grundmuster stricken. Anschließend noch zwei Runden wie folgt stricken: Nadel 1 und 4 glatt rechts, Nadel 2 und 3 im Grundmuster.

Die Bumerang-Ferse nach der Anleitung von Seite 8/9 glatt rechts arbeiten, dabei die beiden „Extra-Runden" so stricken: Nadel 1 und 4 glatt rechts, Nadel 2 und 3 im Grundmuster. Den 6,5 cm langen Fuß bis zum Beginn der Spitze wie folgt arbeiten: Nadel 1 und 4 glatt rechts, Nadel 2 und 3 im Grundmuster.

Die Abnahmen für die Spitze ebenso stricken: Nadel 1 und 4 glatt rechts, Nadel 2 und 3 im Grundmuster. Liegen nur noch acht Maschen auf den Nadeln, den Faden abschneiden, mit einer Sticknadel durch die Maschen ziehen und vernähen.

Beide Socken gleich arbeiten.

Söckchen in Gelb

MATERIAL

- *Regia Cotton in Sonne meliert (Farbe 0122)*

Glatt links
Jede Runde links stricken

Bündchenmuster
Eine Masche links, eine Masche rechts stricken

ANLEITUNG

32 Maschen anschlagen, gleichmäßig verteilt zur Runde schließen, 4 cm im Bündchenmuster stricken.

Dann folgen zwei Runden glatt rechts und 4 cm glatt links. Anschließend zwei Runden wie folgt stricken: Nadel 1 und 4 glatt rechts, Nadel 2 und 3 glatt links.

Nun die Bumerang-Ferse nach der Anleitung von Seite 8/9 ausführen, die beiden „Extra-Runden" wie folgt stricken: Nadel 1 und 4 glatt rechts, Nadel 2 und 3 glatt links. Danach weiterstricken: Nadel 1 und 4 glatt rechts, Nadel 2 und 3 glatt links.

Nach 6,5 cm Fußlänge die Spitze glatt rechts stricken. Die Abnahmen nach der Anleitung von Seite 9 bzw. 10 ausführen, bis noch acht Maschen auf den Nadeln liegen. Den Faden abschneiden, durch die Maschen ziehen und vernähen.

Beide Socken gleich arbeiten.

Babyschuhe

Für Babys • Größe 14/15

MATERIAL

- *Regia Bamboo Color in Red Spot Color (Farbe 1059); alternativ: Regia 4fädig Color in Candy Color (Farbe 5062)*
- *Schachenmayer Nomotta „Detail" in Melody Color (Farbe 85)*
- *Nadelspiel Nr. 2 – 3 für beide Qualitäten*
- *Häkelnadel Nr. 2,5*
- *Sticknadel, abgerundet*

Maschenprobe

Für Regia Bamboo Color:
30 Maschen und 42 Reihen = 10 x 10 cm

Glatt rechts

Hinreihe rechts, Rückreihe links bzw. in Runden jede Runde rechts stricken

Glatt links

Hinreihe links, Rückreihe rechts bzw. in Runden jede Runde links stricken

Kraus rechts

Hinreihe rechts, Rückreihe rechts stricken

ANLEITUNG

60 Maschen mit Regia Bamboo anschlagen, die Maschen nicht zur Runde schließen, sondern 6 cm in Hin- und Rückreihen stricken:

Hinreihe: eine Randmasche links, zehn Maschen rechts, 38 Maschen links, zehn Maschen rechts und eine Randmasche links.
Rückreihe: eine Randmasche links, zehn Maschen rechts, 38 Maschen rechts, zehn Maschen rechts und eine Randmasche links.

Nach 6 cm beidseitig 11 Maschen abketten, den mittleren Teil (38 Maschen) auf vier Nadeln verteilen (2x 9, 2x 10 Maschen), nun die Maschen zur Runde schließen und glatt links in Runden bis zu einer Länge von 10 cm ab dem Maschenanschlag weiterstricken.

Danach jeweils zwei Maschen links zusammenstricken, bis nur noch acht Maschen übrig sind. Den Faden abschneiden, mit einer Sticknadel durch die Maschen ziehen und vernähen.

Die hintere Naht schließen. Mit Nomotta Detail feste Maschen rund um den Schaftrand häkeln, dabei vorn am Schaft beginnen und enden, die Fäden zweimal fest verknoten und abschneiden. **Achtung:** Darauf achten, dass die Pompons auf der rechten Seite liegen. Der Schaftrand kann dazu auch von der linken Seite angehäkelt werden.

Beide Schuhe gleich arbeiten.

TIPP

Die Schuhe können ganz einfach auch etwas größer gestrickt werden, wenn Sie z. B. vier oder sechs Maschen mehr als in der Anleitung angegeben anschlagen, z. B. statt 60 dann 64 (66) Maschen stricken, und den Schuh bis zum Beginn der Spitzenabnahmen insgesamt 11 cm (11,5 cm) lang arbeiten.

Mit ABS Regia Aufbügelstoppern werden daraus kleine Hausschuhe. Diese rutschfesten Stopper bestehen aus Naturkautschuk und werden auf die Sohlen der gestrickten Schuhe gebügelt. Sie erhalten die Stopper in Ihrem Wollfachgeschäft in den Farben Gelb, Blau, Rot, Grün und Schwarz. Die Schuhe können wie gewohnt bei 40 °C in der Maschine gewaschen werden.

Bunt geringelt

Ringelsöckchen

Für Kinder • Größe 22/23

MATERIAL

- *Regia Color Crazy Passion 4fädig (Farbe 5402); alternativ 6fädig (Maschenzahl lt. Tabelle, s. Seite 63)*
- *Nadelspiel Nr. 2 – 3*
- *Sticknadel, abgerundet*

Maschenprobe
30 Maschen und 42 Reihen = 10 x 10 cm

Glatt rechts
Hinreihe rechts, Rückreihe links bzw. in Runden jede Runde rechts stricken

Bündchenmuster
Eine Masche rechts, eine Masche links stricken

ANLEITUNG

44 Maschen anschlagen, gleichmäßig verteilt (elf Maschen pro Nadel) zur Runde schließen und eine Runde rechts stricken. Danach im Bündchenmuster 4 cm weiterarbeiten. Anschließend 3,5 cm glatt rechts bis zum Beginn der Ferse stricken.

Die Bumerang-Ferse nach der Anleitung von Seite 8/9 glatt rechts stricken, ebenso den 11,5 cm langen Fuß.

Danach mit der Spitze beginnen. Die Abnahmen nach der Anleitung von Seite 9 bzw. 10 ausführen, bis noch acht Maschen auf den Nadeln liegen. Den Faden abschneiden, mit einer Sticknadel durch die Maschen ziehen und vernähen.

Beide Socken gleich arbeiten.

Weekend-Söckchen

Für Kinder • Größe 22/23

MATERIAL

- *Regia 4fädig in Candy Color (Farbe 5062)*
- *Regia 4fädig in Himbeer (Farbe 1258)*
- *Nadelspiel Nr. 2 – 3*
- *Sticknadel, abgerundet*

Maschenprobe
30 Maschen und 42 Reihen = 10 x 10 cm

Glatt rechts
Hinreihe rechts, Rückreihe links bzw. in Runden jede Runde rechts stricken

ANLEITUNG

44 Maschen in Candy anschlagen, gleichmäßig verteilt (elf Maschen pro Nadel) zur Runde schließen und neun Runden glatt rechts stricken.

Dann wie folgt weiterarbeiten:
* eine Runde rechts in Himbeer, eine Runde links in Himbeer, eine Runde rechts in Himbeer, vier Runden glatt rechts in Candy * – von * bis * noch zweimal wiederholen.

Anschließend die Bumerang-Ferse nach der Anleitung von Seite 8/9 in Himbeer mit einer Ausnahme stricken: Die beiden „Extra-Runden" in Candy (Nadel 2 und 3) und Himbeer (Fersennadeln) arbeiten, dazu ist es notwendig, beim Farbwechsel jeweils den himbeerfarbenen bzw. candyfarbenen Faden abzuschneiden und beim nächsten Farbwechsel neu aufzunehmen. Die Fäden nach der Fertigstellung sorgfältig vernähen.

Variante: Beide „Extra-Runden" in Himbeer glatt rechts stricken, so erspart man sich das Vernähen der Fäden.

Den Fuß 11,5 cm lang in Candy stricken.

Danach die Spitze in Himbeer stricken. Die Abnahmen nach der Anleitung von Seite 9 bzw. 10 ausführen, bis noch acht Maschen auf den Nadeln liegen. Den Faden abschneiden, mit einer Sticknadel durch die Maschen ziehen und vernähen.

Beide Socken gleich arbeiten.

Kuschelsocken für Kids

Für Kinder • Größe 28/29

MATERIAL

- *Regia Pompon in Marine-Ocean Pompon (Farbe 0278)*
- *Regia 4fädig in Hellblau (Farbe 1945)*
- *Nadelspiel Nr. 2 – 3 für beide Qualitäten*
- *Häkelnadel Nr. 2,5*
- *Sticknadel, abgerundet*

Maschenprobe

30 Maschen und 42 Reihen = 10 x 10 cm

Glatt rechts

Hinreihe rechts, Rückreihe links bzw. in Runden jede Runde rechts stricken

Glatt links

Jede Runde links stricken

Kraus rechts

Hinreihe rechts, Rückreihe rechts stricken

Bündchenmuster

Eine Masche rechts, eine Masche links stricken

Muster für die Schlaufe

Kraus rechts, Randmaschen in jeder Reihe links stricken

ANLEITUNG

52 Maschen in Marine anschlagen, gleichmäßig verteilt (pro Nadel 13 Maschen) zur Runde schließen und acht Runden im Bündchenmuster stricken. Danach in Hellblau weiterarbeiten: eine Runde rechts, eine Runde links, eine Runde rechts.

Bei der letzten Runde die folgenden Maschen mit einem andersfarbigen Faden kennzeichnen: die letzten vier Maschen bei Nadel 4 und die ersten vier Maschen bei Nadel 1. Über diese acht Maschen wird später die Schlaufe angestrickt.

Nun in Marine bis zum Beginn der Ferse weiterstricken. Schaft und Bündchen sind zusammen 11 cm lang.

Die Bumerang-Ferse nach der Anleitung von Seite 8/9 glatt rechts ausführen.

Danach sechs Runden in Marine stricken und anschließend in Hellblau eine Runde rechts, drei Runden glatt links, eine Runde rechts.

Dann folgen in Marine fünf Runden glatt rechts, in Hellblau eine Runde rechts, zwei Runden glatt links, eine Runde rechts.

In Marine drei Runden glatt rechts stricken, in Hellblau eine Runde rechts, eine Runde links und eine Runde rechts. Danach in Marine bis zu einer Fußlänge von 14 cm weiterstricken.

Nun die Spitze glatt rechts stricken. Die Abnahmen nach der Anleitung von Seite 9 bzw. 10 ausführen, bis noch acht Maschen auf den Nadeln liegen. Den Faden abschneiden, mit einer Sticknadel durch die Maschen ziehen und vernähen.

Für die Schlaufe an den gekennzeichneten Maschen mit der Häkelnadel acht Maschen aufnehmen. Die Maschen auf eine Stricknadel heben und 6 cm lang in kraus rechts stricken. Die Randmaschen in jeder Reihe links stricken.
Die Schlaufe nach hinten klappen und die Maschen von der Stricknadel mit der Häkelnadel am Rand festhäkeln. **Tipp:** Sie können die acht Maschen auch abketten und das Laschenende als Schlaufe annähen.

Beide Socken gleich arbeiten.

SKATE SCOOTER®
87A

Frühlingssöckchen

Socken in Grün

Für Kinder • Größe 32/33

MATERIAL

- *Regia Cotton in Sittich meliert (Farbe 0172)*
- *Nadelspiel Nr. 2 – 3*
- *Sticknadel, abgerundet*

Maschenprobe

30 Maschen und 42 Reihen = 10 x 10 cm

Glatt rechts

Hinreihe rechts, Rückreihe links bzw. in Runden jede Runde rechts stricken

Rechts verschränkt

Zwei Maschen rechts verschränkt zusammenstricken (eine Masche rechts verschränkt *s. Seite 28**), d. h. gleichzeitig von unten in die hinteren Maschenglieder der ersten und zweiten Masche auf der linken Nadel einstechen und den Faden von hinten nach vorn durch beide Maschen ziehen*

Glatt links

Jede Runde links stricken

Umschlag

Den Faden zwischen zwei Maschen um die Nadel legen und in der nächsten Runde wie eine Masche stricken

Bündchenmuster

- *Erste Runde rechts stricken*
- *zweite Runde links stricken*
- *dritte Runde rechts stricken*
- *vierte Runde * ein Umschlag, zwei Maschen rechts zusammenstricken * im Wechsel*
- *fünfte Runde alle Maschen, auch den Umschlag, links stricken*
- *sechste Runde bis neunte Runde glatt rechts stricken*

Grundmuster

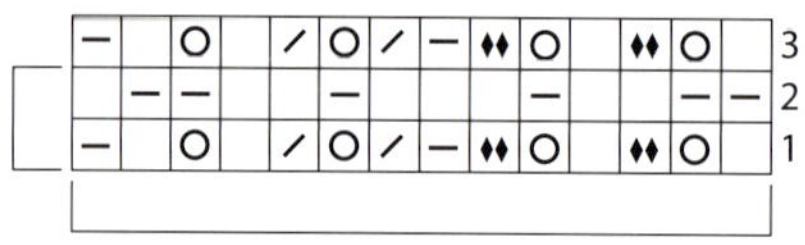

Zeichenerklärung

- □ = *rechte Masche*
- – = *linke Masche*
- ♦♦ = *zwei Maschen rechts verschränkt zusammenstricken*
- / = *zwei Maschen rechts zusammenstricken*
- O = *ein Umschlag*
- ⌴ = *Rapportbreite*
- [= *Rapporthöhe*

ANLEITUNG

56 Maschen anschlagen und gleichmäßig verteilt (14 Maschen pro Nadel) zur Runde schließen und das Bündchenmuster stricken.

Im Grundmuster bis zu einer Schaftlänge von ca. 10 cm weiterarbeiten. Danach folgen für Nadel 1 und Nadel 4 zwei Runden glatt rechts, Nadel 2 und Nadel 3 werden im Grundmuster gestrickt.

Dann die Bumerang-Ferse nach der Anleitung von Seite 8/9 glatt rechts stricken. Die beiden „Extra-Runden" wie folgt arbeiten: Nadel 1 und 4 glatt rechts, Nadel 2 und 3 im Grundmuster.

Anschließend den Fuß stricken: Nadel 1 und 4 glatt rechts, Nadel 2 und Nadel 3 im Grundmuster. Nach ca. 17 cm Fußlänge mit der Spitze beginnen.

Die Abnahmen nach der Anleitung von Seite 9 bzw. 10 ausführen, bis noch acht Maschen auf den Nadeln liegen. Den Faden abschneiden, mit einer Sticknadel durch die Maschen ziehen und vernähen.

Beide Socken gleich arbeiten.

Mit Tulpen

Für Kinder • Größe 32/33

MATERIAL

- *Regia Cotton in Rosa (Farbe 0137)*
- *Regia Cotton in Sittich meliert (Farbe 0172)*
- *Nadelspiel Nr. 2 – 3*
- *Sticknadel, abgerundet*

Maschenprobe

30 Maschen und 42 Reihen = 10 x 10 cm

Glatt rechts

Hinreihe rechts, Rückreihe links bzw. in Runden jede Runde rechts stricken

Glatt links

Jede Runde links stricken

Bündchenmuster

Glatt links, glatt rechts stricken

Einstrickmuster

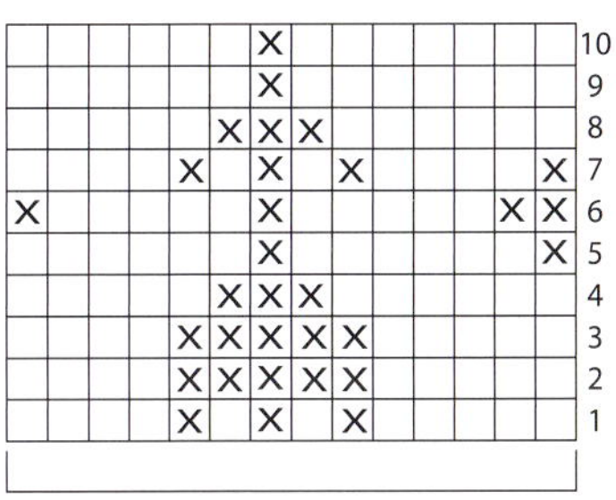

Zeichenerklärung

☐ = *glatt rechts in Sittich*
× = *glatt rechts in Rosa*
⌴ = *Rapportbreite*

ANLEITUNG

56 Maschen in Rosa anschlagen, gleichmäßig verteilen und zur Runde schließen. Zwei Runden glatt links, eine Runde rechts stricken. In Sittich zwei Runden glatt rechts stricken und dann das Tulpenmuster einarbeiten.

Wie folgt weiterstricken: zwei Runden in Sittich glatt rechts, eine Runde in Rosa rechts, zwei Runden in Rosa glatt links und drei Runden in Rosa glatt rechts. Darauf folgen zwei Runden glatt rechts in Sittich. Bis zum Beginn der Bumerang-Ferse in Rosa glatt rechts stricken, die Schaftlänge beträgt 9 cm.

Die Ferse nach der Anleitung von Seite 8/9 glatt rechts in Rosa stricken. Dann in Rosa glatt rechts bis zu einer Fußlänge von 17 cm stricken und mit der Spitze (Seite 9 bzw. 10) beginnen. Den Faden durch die letzten acht Maschen ziehen und innen vernähen.

Herzen

Socken in Blau

Für Damen • Größe 40/41

MATERIAL

- *Regia 4fädig in Taubenblau (Farbe 1970)*
- *Regia 4fädig in Weiß (Farbe 0600)*
- *Nadelspiel Nr. 2 – 3*
- *Sticknadel, abgerundet*

Maschenprobe

Für alle Garne auf dieser Doppelseite: 30 Maschen und 42 Reihen = 10 x 10 cm

Glatt rechts

Hinreihe rechts, Rückreihe links bzw. in Runden jede Runde rechts stricken

Bündchenmuster

Glatt rechts stricken (Rollrand)

Einstrickmuster

				X							X				6
			X	X	X					X	X	X			5
			X	X	X					X	X	X			4
		X	X	X	X	X			X	X	X	X	X		3
		X	X	X	X	X			X	X	X	X	X		2
			X		X					X		X			1

Zeichenerklärung

□ = *glatt rechts in Taubenblau*

× = *glatt rechts in Weiß*

ANLEITUNG

64 Maschen in Blau anschlagen und gleichmäßig verteilt (16 Maschen pro Nadel) zur Runde schließen. Im Bündchenmuster 23 Runden glatt rechts stricken. Dann pro Nadel zwei Herzen einstricken.

Anschließend vier Runden in Blau glatt rechts stricken und wie folgt weiterarbeiten: über eine Runde eine Masche in Blau, eine Masche in Weiß im Wechsel, dann über eine Runde eine Masche in Weiß, eine Masche in Blau im Wechsel. Es folgen vier Runden rechts in Blau, eine Runde rechts in Weiß und zehn Runden rechts in Blau bis zum Beginn der Ferse. Der Schaft und das ausgerollte Bündchen sind 14 cm lang. Die Ferse (Seite 8/9) und beide „Extra-Runden" in Weiß stricken.

Vier Runden rechts in Blau, eine Runde rechts in Weiß, zwei Runden rechts in Blau und eine Runde rechts in Weiß stricken. Den 21 cm langen Fuß in Blau und die Spitze (Seite 9 bzw. 10) in Weiß stricken. Beide Socken gleich arbeiten.

Socken in Orange

	X		X	
X	X	X	X	X
X	X	X	X	X
	X	X	X	
		X		

Für Kinder • Größe 26/27

MATERIAL

- *Regia Cotton in Papaya meliert (Farbe 0126)*
- *Regia Cotton in Weiß (Farbe 0001)*
- *2 Nadelspiele Nr. 2 – 3*
- *Häkelnadel Nr. 2*
- *Sticknadel, abgerundet*

Glatt rechts

Hinreihe rechts, Rückreihe links bzw. in Runden jede Runde rechts

Bündchenmuster

Glatt rechts (doppelter Rollrand)

ANLEITUNG

Auf ein Nadelspiel 48 Maschen in Papaya anschlagen, gleichmäßig verteilt zur Runde schließen und 15 Runden glatt rechts stricken. Auf das zweite Nadelspiel ebenso viele Maschen in Weiß anschlagen, gleichmäßig verteilt zur Runde schließen und zehn Runden glatt rechts arbeiten. Den zweiten Rollrand über den ersten Rollrand ziehen. In der folgenden Runde immer eine Masche in Weiß mit einer Masche in Papaya zusammenstricken (mit weißem Faden). Zwei Runden rechts in Weiß ergänzen.

In Papaya 5 cm glatt rechts weiterstricken. Es folgen zwei Runden rechts in Weiß und drei Runden rechts in Papaya. Die Ferse in Weiß stricken (s. Seite 8/9), sechs Runden in Weiß anschließen, dann zwei Runden rechts in Papaya und drei Runden rechts in Weiß.
In Papaya bis zu einer Fußlänge von 14 cm stricken und dann die Spitze (Seite 9 bzw. 10) beginnen. Die zweite Socke ebenso arbeiten.

Täschchen: An der Außenseite mit der Häkelnadel elf weiße Maschen aufnehmen, auf eine Stricknadel legen und elf Reihen glatt rechts stricken. Mit linken Maschen abketten. An die Socke nähen und ein papayafarbenes Herz im Maschenstich (s. Seite 60) aufsticken.

Sneakers

Mit Streifen

Für Damen • Größe 38/39

MATERIAL

- *Regia 4fädig in Farn (Farbe 1092)*
- *Regia 4fädig in Weiß (Farbe 0600)*
- *Nadelspiel Nr. 2 – 3*
- *Sticknadel, abgerundet*

Maschenprobe
Siehe „Mit Kleeblatt"

Glatt rechts
Hinreihe rechts, Rückreihe links bzw. in Runden jede Runde rechts stricken

Glatt links
Jede Runde links stricken

Bündchenmuster 1
- *Drei Runden in Farn glatt rechts stricken*
- *zwei Runden in Weiß glatt rechts stricken*
- *eine Runde in Weiß links stricken*
- *eine Runde in Farn rechts stricken*

Bündchenmuster 2
- *Halbpatent in Farn:*
  ** Erste Runde: eine Masche links, eine Masche rechts im Wechsel stricken*
- *zweite Runde: eine Masche links, eine Masche rechts im Wechsel, dabei diese rechte Masche jeweils in die Masche eine Runde tiefer einstechen **
- *von * bis * stets wiederholen*

ANLEITUNG

60 Maschen in Farn anschlagen und gleichmäßig verteilt (15 Maschen pro Nadel) zur Runde schließen. Bündchenmuster 1 im Farb- und Musterwechsel wie angegeben stricken und danach Bündchenmuster 2 über 15 Runden in Farn ausarbeiten.

Nun wie folgt weiterstricken: drei Runden in Weiß glatt rechts und zwei Runden in Farn glatt rechts.

Danach die Bumerang-Ferse in Farn beginnen und nach der Anleitung von Seite 8/9 glatt rechts arbeiten.

Nach der Ferse – und 12 Runden nach dem letzten weißen Streifen – zwei Runden glatt rechts in Weiß stricken.

Dann wie folgt stricken: acht Runden in Farn, zwei Runden in Weiß, acht Runden in Farn, zwei Runden in Weiß, acht Runden in Farn, zwei Runden in Weiß, acht Runden in Farn und zwei Runden in Weiß. Anschließend in Farn bis zu einer Fußlänge von 20 cm weiterarbeiten.

Nun mit der Spitze in Farn beginnen. Die Abnahmen nach der Anleitung von Seite 9 bzw. 10 ausführen, bis noch acht Maschen auf den Nadeln liegen. Den Faden abschneiden, mit einer Sticknadel durch die Maschen ziehen und vernähen.

Beide Socken gleich arbeiten.

Mit Kleeblatt

Für Damen • Größe 38/39

MATERIAL

- *Regia 4fädig in Farn (Farbe 1092)*
- *Regia 4fädig in Weiß (Farbe 0600)*
- *Nadelspiel Nr. 2 – 3*
- *Sticknadel, abgerundet*

Maschenprobe
30 Maschen und 42 Reihen = 10 x 10 cm

Glatt rechts
Hinreihe rechts, Rückreihe links bzw. in Runden jede Runde rechts stricken

Glatt links
Jede Runde links stricken

Bündchenmuster 1
Glatt rechts stricken

Bündchenmuster 2
- *Halbpatent, zweifarbig:*
  ** Erste Runde in Weiß: eine Masche links, eine Masche rechts im Wechsel stricken*
- *zweite Runde in Farn: eine Masche links, eine Masche rechts im Wechsel stricken, dabei diese rechte Masche jeweils in die Masche eine Runde tiefer einstechen **
- *von * bis * stets wiederholen*

Kreuzstich
Siehe Seite 10

ANLEITUNG

60 Maschen in Farn anschlagen, gleichmäßig verteilt (15 Maschen pro Nadel) zur Runde schließen und das Bündchenmuster 1 stricken: zwei Runden glatt rechts in Farn, eine Runde rechts in Weiß.

Dann nach Bündchenmuster 2 im Halbpatent weiterarbeiten und dies über 15 Runden wiederholen.

Nun folgen zwei Runden glatt rechts in Weiß, eine Runde rechts in Farn, eine Runde links in Farn, eine Runde rechts in Farn, eine Runde rechts in Weiß.

Anschließend die Bumerang-Ferse nach der Anleitung von Seite 8/9 glatt rechts in Weiß stricken.

Den Fuß bis acht Runden vor dem Beginn der Spitze (etwa 16 cm von der Fersenmitte aus gerechnet) in Weiß glatt rechts ausarbeiten. Drei Runden glatt rechts in Farn, eine Runde rechts in Weiß und zwei Runden glatt rechts in Farn anschließen.

Die Spitze in Weiß glatt rechts stricken. Die Abnahmen nach der Anleitung von Seite 9 bzw. 10 ausführen, bis noch acht Maschen auf den Nadeln liegen. Den Faden durch die Maschen ziehen und vernähen.

Beide Socken gleich arbeiten.

Das Kleeblatt im Kreuzstich auf die Sockenaußenseite sticken.

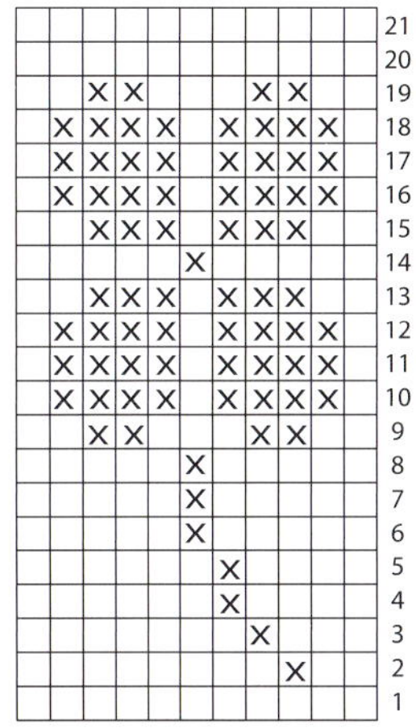

Kuschelsocken

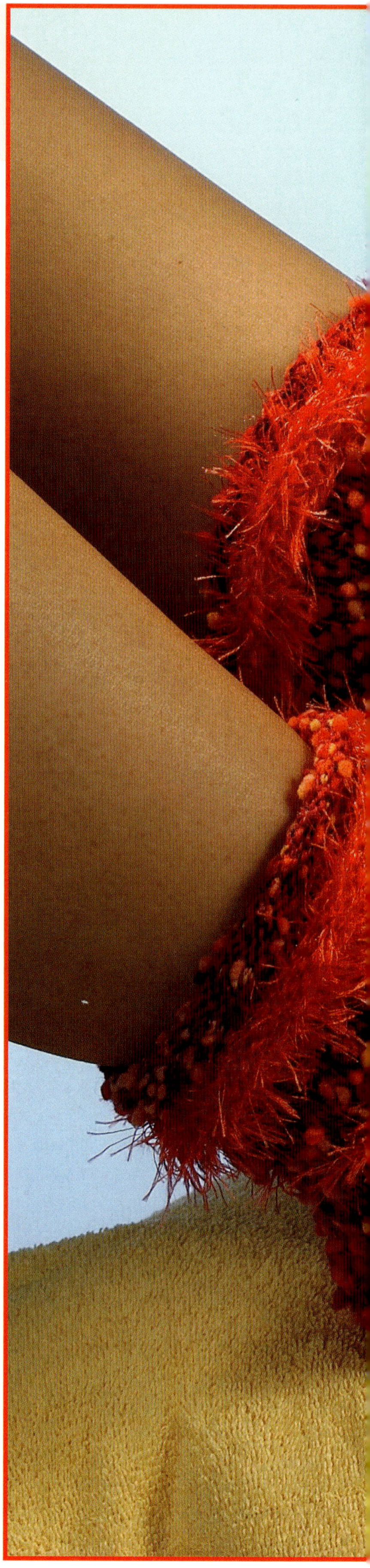

Für Damen • Größe 36/37

MATERIAL

- *Regia Pompon in Kirsche-Vesuv (Farbe 0281)*
- *Schachenmayr nomotta Brazilia in Grenadine (Farbe 24)*
- *2 Nadelspiele Nr. 2 – 3 (für beide Qualitäten)*
- *Sticknadel, abgerundet*

Maschenprobe
Für Regia Pompon:
30 Maschen und 42 Reihen = 10 x 10 cm

Glatt rechts
Hinreihe rechts, Rückreihe links bzw. in Runden jede Runde rechts stricken

Bündchenmuster
Glatt rechts stricken (doppelter Rollrand)

ANLEITUNG

60 Maschen in Kirsche anschlagen, gleichmäßig verteilt (15 Maschen pro Nadel) zur Runde schließen und 15 Runden glatt rechts stricken.

Nun auf dem zweiten Nadelspiel 60 Maschen in Grenadine anschlagen, die Maschen gleichmäßig verteilt (pro Nadel 15 Maschen) zur Runde schließen und acht Runden glatt rechts stricken.

Das „Grenadine-Bündchen“ über das „Kirsche-Bündchen“ ziehen. In der folgenden Runde immer eine Masche in Grenadine mit einer Masche in Kirsche rechts zusammenstricken (mit Kirsche).

Anschließend 15 Runden in Kirsche glatt rechts stricken, dann zwei Runden in Grenadine, ebenso glatt rechts.

Danach wie folgt weiterstricken: 18 Runden in Kirsche glatt rechts bis zum Beginn der Bumerang-Ferse. Die Ferse nach der Anleitung von Seite 8/9 ausarbeiten.

Glatt rechts bis zu einer Fußlänge von 18,5 cm weiterstricken und danach mit der Spitze beginnen. Die Abnahmen nach der Anleitung von Seite 9 bzw. 10 ausführen, bis nur noch acht Maschen auf den Nadeln liegen. Den Faden abschneiden, mit einer Sticknadel durch die Maschen ziehen und vernähen.

Beide Socken gleich arbeiten.

Wellness pur

Für Damen • Größe 40/41

MATERIAL

- *Regia 4fädig in Königsblau (Farbe 2000)*
- *Schachenmayr nomotta „Detail" in Orion Color (Farbe 84)*
- *Nadelspiel Nr. 2 – 3 für beide Qualitäten*
- *Sticknadel, abgerundet*

Maschenprobe
Für Regia 4fädig: 30 Maschen und 42 Reihen = 10 x 10 cm

Glatt rechts
Hinreihe rechts, Rückreihe links bzw. in Runden jede Runde rechts stricken

Rechts verschränkt
Wie eine rechte Masche stricken, dabei aber nicht in das vordere, sondern in das hintere Maschenglied von rechts nach links einstechen und den Faden nach vorn holen

Bündchenmuster
Eine Masche rechts, eine Masche links stricken

Grundmuster
- ** In Königsblau: Sechs Runden eine Masche rechts verschränkt, eine Masche links im Wechsel*
- *dann in Orion zwei Runden glatt rechts, dann in Königsblau eine Runde rechts **
- *von * bis * noch viermal wiederholen*

ANLEITUNG

64 Maschen in Königsblau anschlagen, auf vier Nadeln gleichmäßig verteilt (16 Maschen pro Nadel) zur Runde schließen und drei Runden im Bündchenmuster stricken.

Drei Runden glatt rechts in Orion und eine Runde rechts in Königsblau stricken. Danach in Königsblau weiterarbeiten: 12 Runden eine Masche rechts verschränkt und eine Masche links im Wechsel.

Nun folgen zwei Runden glatt rechts in Orion und eine Runde in Königsblau. Anschließend im Grundmuster weiterarbeiten.

Danach wie folgt weiterstricken: vier Runden glatt rechts auf Nadel 1 und 4, auf Nadel 2 und 3 eine Masche rechts verschränkt, eine Masche links im Wechsel.

Wenn die Länge von Bündchen und Schaft etwa 18 cm beträgt, die Bumerang-Ferse nach der Anleitung von Seite 8/9 in Königsblau stricken. Bei den beiden „Extra-Runden" auf Nadel 1 und 4 glatt rechts und auf Nadel 2 und 3 eine Masche rechts verschränkt, eine Masche links stricken.

Anschließend den Fuß mit königsblauem Garn stricken: Nadel 1 und 4 glatt rechts, Nadel 2 und 3 eine Masche rechts verschränkt, eine Masche links im Wechsel.

Nach 21 cm Fußlänge die Spitze glatt rechts stricken. Die Abnahmen nach der Anleitung von Seite 9 bzw. 10 ausführen, bis noch acht Maschen auf den Nadeln liegen. Den Faden abschneiden, mit einer Sticknadel durch die Maschen ziehen und vernähen.

Beide Socken gleich arbeiten.

Zum Wohlfühlen

Für Damen • Größe 36/37

MATERIAL

- *Regia Cotton in Weiß (Farbe 0001)*
- *Regia Pompon in Weiß-Rosé Pompon (Farbe 0283)*
- *Nadelspiel Nr. 2 - 3*
- *Sticknadel, abgerundet*

Maschenprobe
30 Maschen und 42 Reihen = 10 x 10 cm

Glatt rechts
Hinreihe rechts, Rückreihe links bzw. in Runden jede Runde rechts stricken

Rechts verschränkt
Siehe Seite 28

Bündchenmuster
Glatt rechts stricken (Rollrand)

Achtung!
Diese Socken werden „verkehrt herum" gestrickt, d. h. Sie beginnen mit der Bandspitze und lesen die Maßangaben in der Größentabelle von unten nach oben. Nach Fertigstellung der Spitze wird der Fuß bis zum Beginn der Ferse über alle vier Nadeln glatt rechts gestrickt

ANLEITUNG

Für die Bandspitze acht Maschen auf vier Nadeln verteilt (pro Nadel zwei Maschen) in Weiß anschlagen und zur Runde schließen. Glatt rechts stricken und in der zweiten Runde mit den Zunahmen beginnen: Bei der ersten Nadel jeweils bis zur vorletzten Masche stricken. Aus der vorletzten Masche eine Masche zunehmen: Eine Masche rechts verschränkt (s. Abb. Seite 28) aus dem hinteren Maschenglied stricken, die Masche dann nicht abheben, sondern wie gewohnt rechts stricken. Nun liegen auf der ersten Nadel drei Maschen.

Bei der zweiten Nadel die erste Masche rechts stricken, dann aus der zweiten Masche eine Masche rechts verschränkt und eine Masche rechts stricken. Auf der zweiten Nadel liegen nun ebenfalls drei Maschen.

Die dritte Nadel wie die erste Nadel ausarbeiten und die vierte Nadel wie die zweite Nadel. Die Zunahmen finden immer bei der vorletzten Masche der ersten (bzw. dritten) Nadel und bei der zweiten Masche der zweiten (bzw. vierten) Nadel statt.

Diese Zunahmen, wie in den Tabellen unter „Abnahmen für die Bandspitze" angegeben, von unten nach oben lesen, d. h. in jeder Runde, dann in jeder zweiten Runde, dann in jeder dritten Runde und bei Regia 4fädig auch in der folgenden vierten Runde so oft wiederholen, bis die erforderliche Maschenzahl erreicht ist, siehe jeweils unter: „Anschlag/Maschen je Nadel."

Nachdem die Spitze fertig gestrickt und die erforderliche Maschenzahl pro Nadel erreicht ist (Größe 36/37: 15 Maschen pro Nadel) noch zwei Runden glatt rechts in Weiß stricken, dann in Weiß-Rosé glatt rechts weiterstricken.

Den Fuß so lange stricken, bis die „Fußlänge bis Spitzenbeginn" erreicht ist (Größe 36/37 ca. 18,5 cm).

Nun die Bumerang-Ferse in Weiß-Rosé nach der Anleitung von Seite 8/9 stricken.

Danach den Schaft ausarbeiten und dabei in der ersten Runde die letzten doppelten Maschen wie auf Seite 8/9 beschrieben stricken. Die Schaftlänge beträgt bis zum Beginn des Bündchens 8 cm.

Das Bündchen in Weiß über 15 Runden glatt rechts stricken, so ergibt sich der Rollrand. Die Maschen locker abketten.

Beide Socken gleich arbeiten.

Hüttenschuhe

Für Damen • Größe 36/37

MATERIAL

- *Regia 4fädig in Kirsche (Farbe 2002)*
- *Regia Pompon in Schwarz-Esprit Pompon (Farbe 0275)*
- *Ein Paar Regia Ledersohlen, Größe 36/37 in Schwarz, (waschbar bei 30 °C im Schonwaschgang)*
- *Nadelspiel Nr. 2 – 3*
- *Stricknadel Nr. 3,5 – 4 zum Ausweiten der Löcher in der Sohle*
- *Dünne Häkelnadel*
- *Sticknadel, abgerundet*

Maschenprobe
30 Maschen und 42 Reihen = 10 x 10 cm

Glatt rechts
Hinreihe rechts, Rückreihe links bzw. in Runden jede Runde rechts stricken

Bündchenmuster
Zwei Maschen rechts, zwei Maschen links stricken

ANLEITUNG

60 Maschen in Kirsche anschlagen, die Maschen gleichmäßig verteilt (pro Nadel 15 Maschen) zur Runde schließen und 8 cm im Bündchenmuster stricken.

Eine Runde rechts in Kirsche und 45 Runden glatt rechts in Schwarz bis zum Beginn der Ferse stricken.

Die Ferse nach der Anleitung von Seite 8/9 glatt rechts arbeiten.

Danach den Fuß glatt rechts stricken und nach 18,5 cm mit der Spitze beginnen. Die Abnahmen nach der Anleitung von Seite 9 bzw. 10 ausführen, bis noch acht Maschen auf den Nadeln liegen. Den Faden durch die Maschen ziehen und innen vernähen.

Beide Socken gleich arbeiten.

Die vorgestanzten Löcher der Sohlen mit einer dicken Stricknadel weiten. Hinten in der Mitte beginnend rundherum eine Schmuckkante häkeln: Den Faden (Kirsche) mit einer Häkelnadel von hinten nach vorn durch ein Loch holen, eine Luftmasche häkeln und in jedes Loch drei feste Maschen häkeln. Mit einer Kettmasche in der Anfangsluftmasche enden. Fersenmitte und Sockenspitze mit Stecknadeln an der Sohle befestigen, dann die Sohle anheften. Bevor Sie die Sohle endgültig annähen, sollten Sie die Hüttenschuhe anprobieren und die Passform überprüfen. Danach die Sohle mit Steppstichen annähen und zum Schluss die Heftfäden entfernen.

TIPP

Das Annähen wird einfacher, wenn Sie die Socke mit Papier ausstopfen.

Mit Lochmuster

Für Damen • Größe 36/37

MATERIAL

- *Regia Silk in Apricot (Farbe 0028)*
- *Nadelspiel Nr. 2 – 3*
- *Sticknadel, abgerundet*

Maschenprobe
30 Maschen und 42 Reihen = 10 x 10 cm

Glatt rechts
Hinreihe rechts, Rückreihe links bzw. in Runden jede Runde rechts stricken

Rechts verschränkt
Siehe Seite 28

Bündchenmuster
Glatt rechts stricken (Rollrand)

Umschlag
Siehe Seite 20

Lochmuster
Siehe Strickschrift

Achtung!
Diese Socken werden „verkehrt herum" gestrickt, d. h. Sie beginnen mit der Spitze und lesen die Angaben in der Größentabelle von unten nach oben

ANLEITUNG

Für die Bandspitze acht Maschen auf vier Nadeln verteilt anschlagen und zur Runde schließen. Die Bandspitze (Seite 9) glatt rechts stricken, dabei in der zweiten Runde mit den Zunahmen beginnen. Bei der ersten Nadel jeweils bis zur vorletzten Masche stricken. Aus der vorletzten Masche eine Masche zunehmen: eine Masche rechts verschränkt (s. Abb. Seite 28) aus dem hinteren Maschenglied stricken, die Masche aber nicht abheben, sondern wie gewohnt rechts stricken. Nun liegen auf der ersten Nadel drei Maschen.

Bei der zweiten Nadel: Jeweils die erste Masche rechts stricken, dann die Zunahme ausführen: Aus der zweiten Masche eine Masche rechts verschränkt und aus derselben Masche eine Masche rechts wie gewohnt stricken. Auf der zweiten Nadel liegen nun drei Maschen.

Bei der dritten Nadel wie bei der ersten Nadel und bei der vierten Nadel wie bei der zweiten Nadel arbeiten. Die Zunahmen liegen stets bei der vorletzten Masche bei Nadel 1 (bzw. bei Nadel 3) und bei der zweiten Masche bei Nadel 2 (bzw. bei Nadel 4).

Diese Zunahmen, wie in den Tabellen unter „Abnahmen für die Bandspitze" angegeben, von unten nach oben lesen, d. h. in jeder Runde, dann in jeder zweiten Runde, dann in jeder dritten Runde und bei Regia 4fädig auch in der folgenden vierten Runde so oft wiederholen, bis die erforderliche Maschenzahl erreicht ist, siehe jeweils unter: „Anschlag/Maschen je Nadel."

Nachdem die erforderliche Maschenzahl pro Nadel erreicht ist (bei Größe 36/37: 15 Maschen pro Nadel), den Fuß bis zum Beginn der Ferse arbeiten: Nadel 1 und 4 glatt rechts, Nadel 2 und 3 im Lochmuster. Die „Fußlänge bis Spitze" der Größentabelle entnehmen (bei Größe 36/37: 18,5 cm).

Die Bumerang-Ferse nach der Anleitung von Seite 8/9 über Nadel 1 und 4 stricken. Bei den beiden „Extra-Runden" Nadel 1 und 4 glatt rechts, Nadel 2 und 3 im Lochmuster (s. Strickschrift) stricken.

Danach folgt der 8 cm lange Schaft. In der ersten Runde die letzten doppelten Maschen wie in der Grundanleitung arbeiten. Das Lochmuster über alle Nadeln stricken. Für das Bündchen 15 Runden glatt rechts stricken und die Maschen locker abketten. Beide Socken gleich arbeiten.

Zeichenerklärung

□ = *rechte Masche*
♦♦ = *zwei Maschen rechts verschränkt zusammenstricken*
/ = *zwei Maschen rechts zusammenstricken*
○ = *ein Umschlag*
⌴ [= *Rapportbreite, -höhe*

Nadel 2

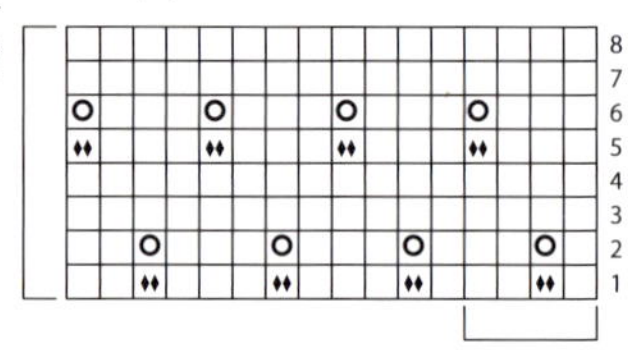

Nadel 3

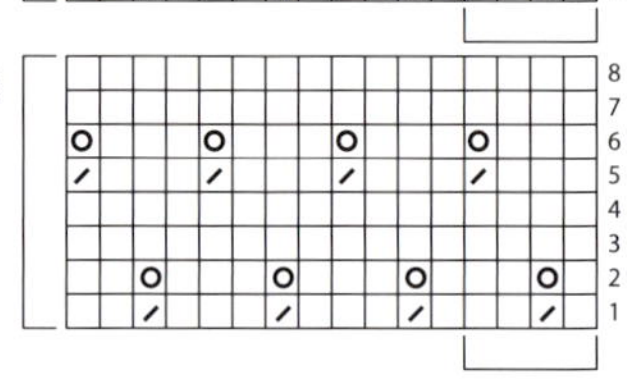

Mit Noppen

Für Damen • Größe 40/41

MATERIAL

- *Regia Silk in Rauch meliert (Farbe 0054)*
- *Nadelspiel Nr. 2 – 3*
- *Sticknadel, abgerundet*

Maschenprobe
30 Maschen und 42 Reihen = 10 x 10 cm

Glatt rechts
Hinreihe rechts, Rückreihe links bzw. in Runden jede Runde rechts stricken

Rechts verschränkt
Siehe Seite 28

Noppen stricken
Bei einer Noppe werden aus einer rechten Masche vier rechte Maschen gestrickt: eine Masche rechts, eine Masche rechts verschränkt (s. Seite 28), eine Masche rechts, eine Masche rechts verschränkt. Nun liegen vier Maschen auf der Nadel und es werden nacheinander die dritte, zweite und erste Masche über die vierte Masche gezogen

Grundmuster
- ** Erste Runde: pro Nadel eine Noppe, drei Maschen rechts, eine Noppe, drei Maschen rechts, eine Noppe, drei Maschen rechts, eine Noppe, drei Maschen rechts stricken*
- *zweite, dritte und vierte Runde: glatt rechts stricken*
- *fünfte Runde: pro Nadel zwei Maschen rechts, eine Noppe, drei Maschen rechts, eine Noppe, drei Maschen rechts, eine Noppe, drei Maschen rechts, eine Noppe, eine Masche rechts stricken*
- *sechste, siebte und achte Runde: glatt rechts * stricken*
- *dann von * bis * wiederholen*

Bündchenmuster
Eine Masche rechts, eine Masche links im Wechsel

Hinweis
Das Muster ist für alle Größen geeignet, deren Maschenzahl durch vier teilbar ist

ANLEITUNG

64 Maschen anschlagen und 8 cm im Bündchenmuster und dann zwei Runden glatt rechts stricken. Anschließend im Grundmuster weiterstricken, bis Bündchen und Schaft insgesamt 13 cm lang sind. Nun wie folgt zwei Runden stricken: Nadel 1 und 4 glatt rechts und Nadel 2 und 3 im Grundmuster.

Die Bumerang-Ferse nach der Anleitung von Seite 8/9 stricken und dabei die beiden „Extra-Runden" wie folgt arbeiten: Nadel 1 und 4 glatt rechts, Nadel 2 und 3 im Grundmuster.

Danach den Fuß stricken: Nadel 1 und 4 glatt rechts, Nadel 2 und 3 im Grundmuster. Nach 21 cm noch zwei Runden glatt rechts stricken und anschließend die Abnahmen für die Spitze beginnen.

Die Spitze nach der Anleitung von Seite 9 bzw. 10 glatt rechts stricken, bis nur noch acht Maschen auf den Nadeln liegen. Den Faden abschneiden, mit einer Sticknadel durch die Maschen ziehen und vernähen.

Beide Socken gleich arbeiten.

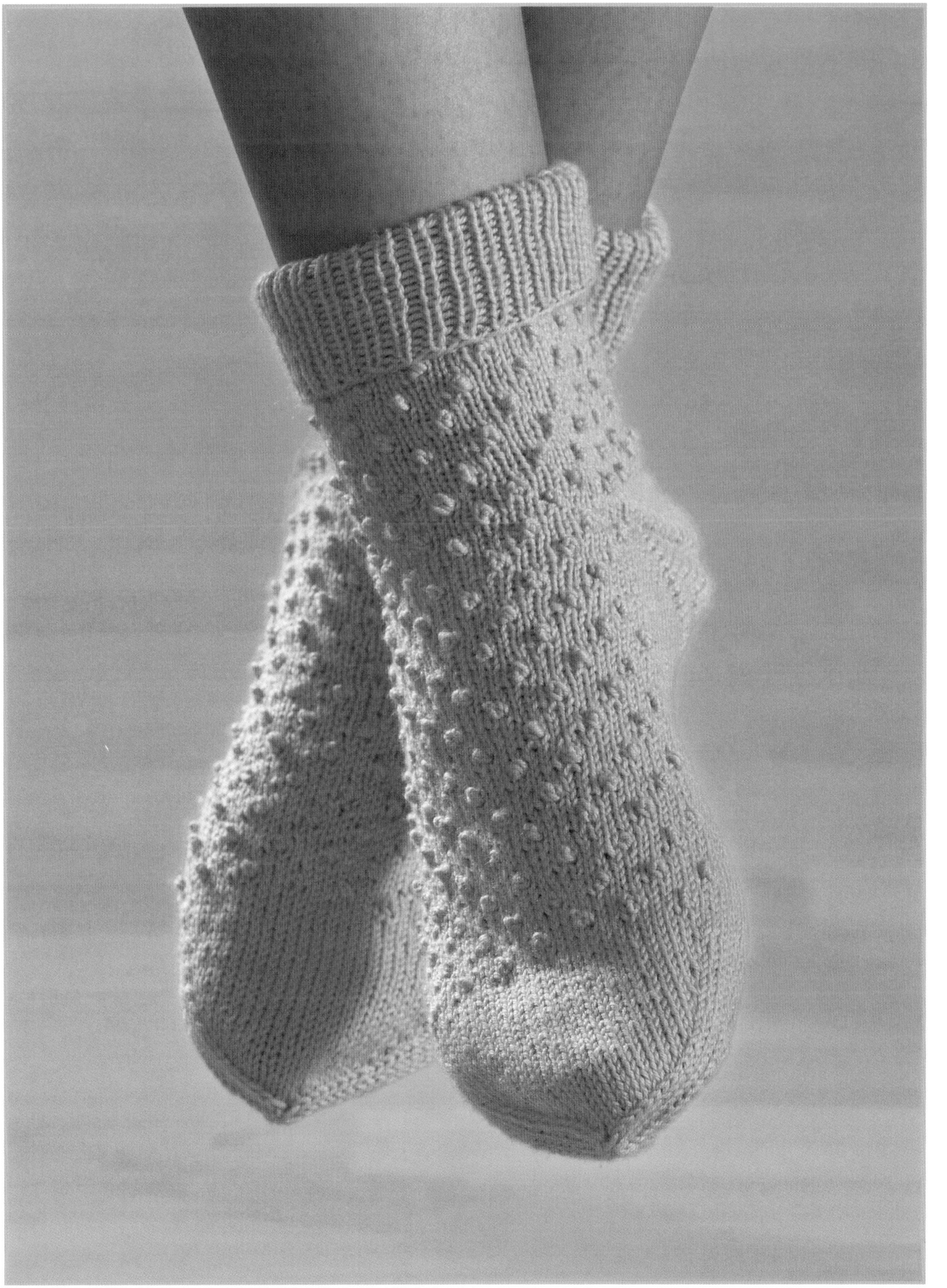

Marokko

Für Damen • Größe 36/37

MATERIAL

- *Regia 6fädig Color in Marokko Color Cassis (Farbe 5493)*
- *Regia 6fädig in Schwarz (Farbe 2066)*
- *Nadelspiel Nr. 3 – 4 für beide Qualitäten*
- *Sticknadel, abgerundet*

Maschenprobe

22 Maschen und 30 Reihen = 10 x 10 cm

Glatt rechts

Hinreihe rechts, Rückreihe links bzw. in Runden jede Runde rechts stricken

Bündchenmuster

Glatt rechts stricken (Rollrand)

Einstrickmuster

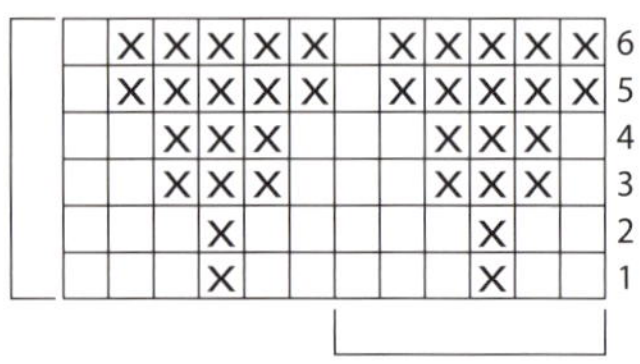

Zeichenerklärung

□ = *glatt rechts in Marokko*

× = *glatt rechts in Schwarz*

└──┘ = *Rapportbreite*

[= *Rapporthöhe*

ANLEITUNG

48 Maschen in Marokko anschlagen, gleichmäßig verteilt (12 Maschen pro Nadel) zur Runde schließen und 15 Runden glatt rechts stricken, so ergibt sich der Rollrand.

Drei Runden glatt rechts in Schwarz stricken, danach das Einstrickmuster der Strickschrift entsprechend in Schwarz arbeiten. Achtung: Die Fäden sehr locker mitlaufen lassen, damit die Socke später bequem angezogen werden kann und das Muster nicht einengt.

Nach dem Einstrickmuster bis zum Beginn der Bumerang-Ferse in Marokko glatt rechts weiterstricken. Schaft und Bund sind 13 bis 14 cm lang, wenn der Rollrand „entrollt" ist.

Bumerang-Ferse und Fuß glatt rechts nach der Anleitung von Seite 8/9 stricken und nach 18,5 cm Fußlänge mit der Spitze beginnen.

Die Abnahmen der Spitze nach der Anleitung von Seite 9 bzw. 10 ausführen, bis nur noch acht Maschen auf den Nadeln liegen. Den Faden abschneiden, mit einer Sticknadel durch die Maschen ziehen und vernähen.

Beide Socken gleich arbeiten, dabei darauf achten, dass die zweite Socke mit demselben Farbrapport beginnt wie die erste.

Sommer-Stulpen

Für Damen • Größe 40/41

MATERIAL

- *Regia Cotton in Rosa (Farbe 0137)*
- *Nadelspiel Nr. 2*
- *Sticknadel, abgerundet*

Maschenprobe

30 Maschen und 42 Reihen = 10 x 10 cm

Bündchenmuster

Eine Masche rechts, eine Masche links stricken

Lochmuster

Siehe Strickschrift

Zeichenerklärung

□ = *rechte Masche*

— = *linke Masche*

○ = *ein Umschlag*

∩ = *drei Maschen überzogen zusammenstricken: d. h. eine Masche wie zum Rechtsstricken abheben, die folgenden beiden Maschen rechts zusammenstricken und die abgehobene Masche darüberziehen*

ANLEITUNG

96 Maschen anschlagen, gleichmäßig verteilt (24 Maschen pro Nadel) zur Runde schließen und gleich bei der ersten Runde der Strickschrift folgen.

Die Stulpe ca. 27 cm lang nach der Strickschrift arbeiten, dann in der nächsten Runde auf jeder Nadel die beiden ersten Maschen rechts zusammenstricken.

Danach folgt über zehn Runden das 3 cm lange Bündchen mit einer Masche rechts, einer Masche links.

Zum Schluss die Maschen locker abketten, den Faden abschneiden und vernähen.

Die zweite Stulpe genauso arbeiten.

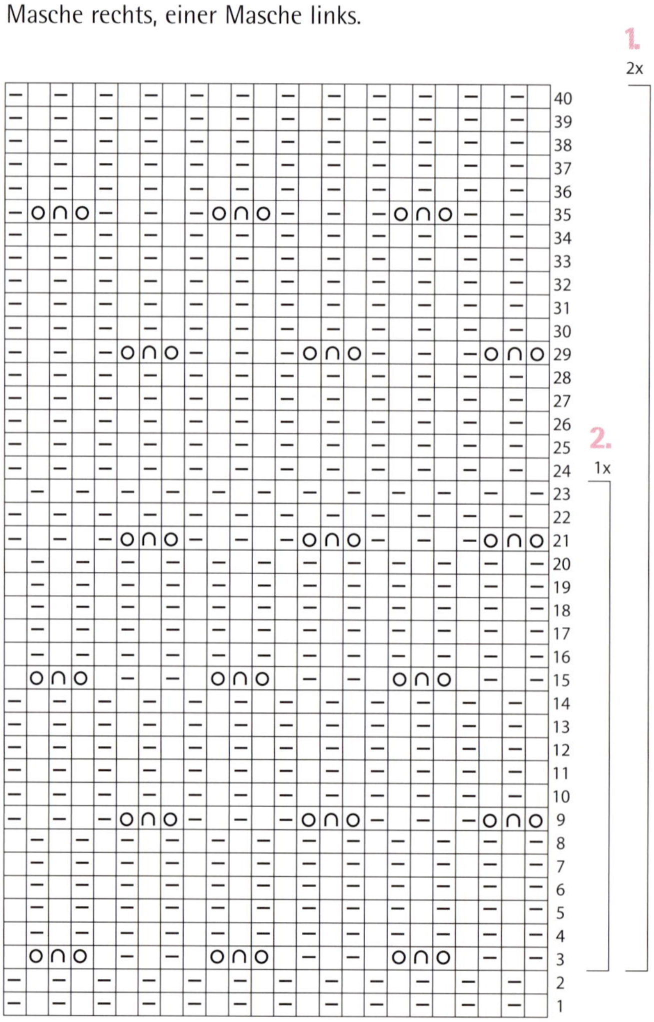

Ringelsocken

Bunte Socken

Für Damen • Größe 36/37

MATERIAL

- *Regia 4fädig Mini Ringel Color in Rio (Farbe 5217)*
- *Schachenmayr nomotta Cassiopeia in Kürbis*
- *Nadelspiel Nr. 2 – 3 für beide Qualitäten*
- *Sticknadel, abgerundet*

Maschenprobe

Für Regia 4fädig: 30 Maschen und 42 Reihen = 10 x 10 cm

Glatt rechts

Hinreihe rechts, Rückreihe links bzw. in Runden jede Runde rechts stricken

Bündchenmuster

Zwei Maschen rechts, zwei Maschen links stricken

Grundmuster

- *Erste bis fünfte Runde: * fünf Maschen rechts, fünf Maschen links * stricken*
- *von * bis * wiederholen, dabei das Muster nach jeder fünften Runde um jeweils eine Masche nach links versetzen*

ANLEITUNG

60 Maschen in Rio anschlagen, gleichmäßig verteilt zur Runde schließen und im Bündchenmuster acht Runden stricken. Dann folgen zwei Runden glatt rechts in Kürbis und zwei Runden glatt rechts in Rio.

Nun im Grundmuster die erste bis zehnte Runde wie angegeben in Rio stricken. Danach zwei Runden glatt rechts in Kürbis und zwei Runden glatt rechts in Rio stricken. Dann bis zum Beginn der Spitze im Grundmuster weiterarbeiten, d. h. nach jeder fünften Runde das Muster um jeweils eine Masche nach links versetzen. Tipp: Den Rundenanfang mit einem andersfarbigen Faden markieren.

Nach 34 cm mit dem Beginn der Spitze beginnen. Dazu in jeder Runde abnehmen: Jeweils die beiden ersten Maschen einer Nadel rechts zusammenstricken, bis nur noch acht Maschen auf den Nadeln liegen. Den Faden abschneiden, durch die Maschen ziehen und vernähen. Beide Socken gleich arbeiten.

Gelbe Socken

Für Kinder • Größe 28/29

MATERIAL

- *Regia 4fädig in Gelb (Farbe 2041)*
- *Regia Mini Ringel Color Rio (Farbe 5217)*
- *Nadelspiel Nr. 2 – 3*
- *Sticknadel, abgerundet*

Maschenprobe

Siehe „Bunte Socken"

Glatt rechts

Siehe „Bunte Socken"

Bündchenmuster

Eine Masche rechts, eine Masche links stricken

Grundmuster

- *Erste bis vierte Runde: * drei Maschen rechts, eine Masche links * stricken*
- *von * bis * wiederholen, dabei nach jeder vierten Runde das Muster um eine Masche nach links versetzen*

ANLEITUNG

52 Maschen anschlagen und gleichmäßig verteilt zur Runde schließen. Das Bündchenmuster über acht Runden in Gelb stricken. Dann folgt eine Runde rechts in Gelb. Im Grundmuster die nächsten vier Runden in Rio, danach in Gelb bis zum Beginn der Spitze stricken. Diese nach 22 cm beginnen: In jeder Runde auf jeder Nadel die beiden ersten Maschen rechts zusammenstricken. Faden durch die letzten vier Maschen ziehen, vernähen.

Mit Pailletten

Für Damen • Größe 40/41

MATERIAL

- *Regia 4fädig Color in Spot Graphit (Farbe 5097)*
- *Schachenmayr nomotta Brazilia Glitter in Apricot-Bunt Paillette (Farbe 35)*
- *Nadelspiel Nr. 2 – 3 für beide Qualitäten*
- *Sticknadel, abgerundet*

Maschenprobe

Für Regia 4fädig: 30 Maschen und 42 Reihen = 10 x 10 cm

Glatt rechts

Hinreihe rechts, Rückreihe links bzw. in Runden jede Runde rechts stricken

Glatt links

Jede Runde links stricken

Bündchenmuster

Glatt rechts stricken (Rollrand)

ANLEITUNG

64 Maschen in Apricot anschlagen, gleichmäßig verteilt (16 Maschen pro Nadel) zur Runde schließen und acht Runden glatt rechts stricken.

Dann in Graphit weiterstricken: eine Runde rechts, drei Runden glatt links, eine Runde rechts. Anschließend drei Runden in Apricot glatt rechts arbeiten.

In Graphit wie folgt weiterstricken: Eine Runde rechts, drei Runden glatt links, eine Runde rechts. Nun zehn Runden glatt rechts und drei Runden glatt links stricken und dies noch zweimal wiederholen. Danach zehn Runden glatt rechts stricken. Die gesamte Schaftlänge beträgt etwa 15 cm.

Die Bumerang-Ferse nach der Anleitung von Seite 8/9 in Graphit glatt rechts stricken.

Nach 21 cm Fußlänge mit der Spitze beginnen. Die Abnahmen nach der Anleitung von Seite 9 bzw. 10 ausführen, bis nur noch acht Maschen auf den Nadeln liegen. Den Faden abschneiden, mit einer Sticknadel durch die Maschen ziehen und vernähen.

Beide Socken gleich stricken.

TIPP

Die Socken erhalten eine weitere interessante Note, wenn Sie zwei Runden vor jeder Linksrippe eine Runde in Apricot stricken oder statt der drei Runden links in Graphit drei Runden in Apricot ausführen, so entstehen abgesetzte Streifen.

Wandersocken

Für Damen • Größe 40/41

MATERIAL

- *Regia 4fädig Color in Granit Color (Farbe 1912)*
- *Nadelspiel Nr. 2 – 3*
- *Zopfmusternadel*
- *Sticknadel, abgerundet*

Maschenprobe

30 Maschen und 42 Reihen = 10 x 10 cm

Glatt rechts

Hinreihe rechts, Rückreihe links bzw. in Runden jede Runde rechts stricken

Bündchenmuster

Zwei Maschen rechts, zwei Maschen links stricken

Grundmuster

Nach der Strickschrift arbeiten, die Zöpfe mit einer Hilfsnadel stricken (s. Seite 10).

- *Drei Maschen nach links verkreuzen: Zwei Maschen vor die Arbeit legen, eine Masche rechts stricken, dann die beiden Maschen von der Hilfsnadel rechts stricken*
- *Drei Maschen nach rechts verkreuzen: Zwei Maschen hinter die Arbeit legen, eine Masche rechts stricken, dann die beiden Maschen von der Hilfsnadel rechts stricken*

ANLEITUNG

64 Maschen anschlagen, die Maschen gleichmäßig verteilt zur Runde schließen und 2 cm im Bündchenmuster stricken.

Dann zwei Runden glatt rechts weiterstricken, anschließend den Schaft im Grundmuster arbeiten, die Schaftlänge inklusive Bündchen beträgt ca.16 cm.

Die Bumerang-Ferse nach der Anleitung von Seite 8/9 stricken und die beiden „Extra-Runden" wie folgt arbeiten: Nadel 1 und 4 glatt rechts und Nadel 2 und 3 im Grundmuster.

Den Fuß stricken: Nadel 1 und 4 glatt rechts und Nadel 2 und 3 im Grundmuster. Nach 21 cm Fußlänge die Spitze nach der Anleitung von Seite 9 bzw. 10 arbeiten, bis nur noch acht Maschen auf den Nadeln liegen. Den Faden abschneiden, mit einer Sticknadel durch die Maschen ziehen und vernähen.

Beide Socken gleich arbeiten.

Zeichenerklärung

- □ = *rechte Masche*
- — = *linke Masche*
- = *drei Maschen nach links verkreuzen*
- = *drei Maschen nach rechts verkreuzen*
- = *Rapportbreite*
- [= *Rapporthöhe*

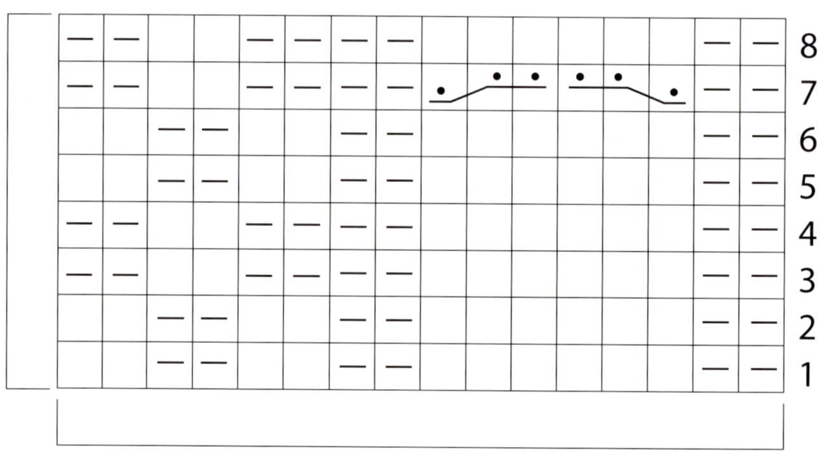

Weg
Solthörner
Watt
JADE
WESER
sand
Loxstedt
Alte Weser

Waffelmuster

Materialangaben und
Anleitungen Seite 50

Waffelmuster

Abbildung Seite 48/49

Für Damen • Größe 40/41

MATERIAL

- *Regia Silk (Farbe 0002) bzw. Regia Bamboo Color in Marmor Color (Farbe 1063)*
- *Nadelspiel Nr. 2 – 3*
- *Sticknadel, abgerundet*

Maschenprobe
30 Maschen und 42 Reihen = 10 x 10 cm

Glatt rechts
Hinreihe rechts, Rückreihe links bzw. in Runden jede Runde rechts stricken

Bündchenmuster
Zwei Maschen rechts, zwei Maschen links stricken

Grundmuster
- ** Vier Runden vier Maschen rechts, vier Maschen links im Wechsel stricken*
- *dann vier Runden vier Maschen links, vier Maschen rechts * im Wechsel stricken*
- *von * bis * wiederholen*

Hinweis
Beide Paar Socken sind nach der gleichen Anleitung gestrickt

ANLEITUNG

64 Maschen anschlagen, gleichmäßig verteilt zur Runde schließen und im Bündchenmuster 8 cm stricken.

Dann den Schaft im Grundmuster stricken und zwei Runden anschließen: Nadel 1 und 4 glatt rechts und Nadel 2 und 3 im Grundmuster. Schaft und Bündchen sind zusammen 19 cm lang.

Nun die Bumerang-Ferse nach der Anleitung von Seite 8/9 glatt rechts arbeiten, dabei die beiden „Extra-Runden" wie folgt stricken: Nadel 1 und 4 glatt rechts und Nadel 2 und 3 im Grundmuster.

Anschließend den 21 cm langen Fuß stricken: Nadel 1 und 4 glatt rechts, Nadel 2 und 3 im Grundmuster. Danach die Abnahmen für die Spitze beginnen. Die Spitze glatt rechts nach der Anleitung von Seite 9 bzw. 10 stricken. Den Faden abschneiden, durch die Maschen ziehen und vernähen.

Beide Socken gleich arbeiten.

Damensocken im Partnerlook

Abbildung Seite 52/53

Für Damen • Größe 40/41

MATERIAL

- *Regia 4fädig in Mittelbraun-Mouliné (Farbe 0524)*
- *Regia 4fädig in Dunkelbraun (Farbe 2903)*
- *Zwei Nadelspiele Nr. 2 – 3*
- *Sticknadel, abgerundet*

Maschenprobe
30 Maschen und 42 Reihen = 10 x 10 cm

Glatt rechts
Hinreihe rechts, Rückreihe links bzw. in Runden jede Runde rechts stricken

Bündchenmuster
Glatt rechts (doppelter Rollrand)

Perlmuster
- ** Erste Runde: eine Masche rechts, eine Masche links*
- *zweite Runde: eine Masche links, eine Masche rechts * stricken*
- *von * bis * wiederholen*

Einstrickmuster
Vier Maschen in Mittelbraun glatt rechts und vier Maschen in Dunkelbraun im Perlmuster im Wechsel stricken

ANLEITUNG

64 Maschen in Mittelbraun anschlagen, gleichmäßig verteilt zur Runde schließen und 15 Runden glatt rechts stricken. Auf dem zweiten Nadelspiel 64 Maschen in Dunkelbraun anschlagen, gleichmäßig verteilt zur Runde schließen, zehn Runden glatt rechts stricken.

Dann den Rollrand in Dunkelbraun über den Rollrand in Mittelbraun ziehen. In der folgenden Runde immer eine dunkelbraune Masche mit einer mittelbraunen Masche zusammenstricken (mit mittelbraunem Faden).

Danach folgen zehn Runden glatt rechts in Mittelbraun, sechs Runden glatt rechts in Dunkelbraun und fünf Runden glatt rechts in Mittelbraun. Anschließend über sechs Runden das Einstrickmuster stricken.

Danach wie folgt weiterarbeiten: fünf Runden glatt rechts in Mittelbraun, sechs Runden glatt rechts in Dunkelbraun, acht Runden glatt rechts in Mittelbraun, zwei Runden glatt rechts in Dunkelbraun und zwei Runden glatt rechts in Mittelbraun. Die gesamte Schaftlänge beträgt – ab dem Zusammenstricken der beiden Rollränder gemessen – ca. 12 cm.

Die Bumerang-Ferse und die beiden „Extra-Reihen" in Dunkelbraun nach der Anleitung von Seite 8/9 glatt rechts stricken.

Nun den 21 cm langen Fuß stricken: zwei Runden glatt rechts in Mittelbraun, vier Runden glatt rechts in Dunkelbraun und dann in Mittelbraun bis zum Beginn der Spitze weiterstricken.

Die Abnahmen für die Spitze in Dunkelbraun beginnen. Die Spitze glatt rechts nach der Anleitung von Seite 9 bzw. 10 arbeiten, bis nur noch acht Maschen auf den Nadeln liegen. Den Faden abschneiden, mit einer Sticknadel durch die Maschen ziehen und vernähen.

Beide Socken gleich arbeiten.

Herrensocken im Partnerlook

Abbildung Seite 52/53

Für Herren • Größe 42/43

MATERIAL

- *Siehe Damensocken, hier wird nur ein Nadelspiel benötigt*

Maschenprobe
Siehe Damensocken

Glatt rechts
Siehe Damensocken

Bündchenmuster
Eine Masche rechts, eine Masche links stricken

ANLEITUNG

64 Maschen in Mittelbraun anschlagen und 3 cm im Bündchenmuster stricken. Vier Runden glatt rechts in Mittelbraun anschließen. Im Farbwechsel weiterstricken: * Zwei Runden in Dunkelbraun, acht Runden in Mittelbraun * – von * bis * noch fünfmal wiederholen. Danach folgen drei Runden glatt rechts in Dunkelbraun und zwei Runden glatt rechts in Mittelbraun.

Die Bumerang-Ferse und beide „Extra-Reihen" in Dunkelbraun nach der Anleitung von Seite 8/9 stricken. Dann 13 Runden in Mittelbraun, * zwei Runden glatt rechts in Dunkelbraun, acht Runden glatt rechts in Mittelbraun * – von * bis * viermal wiederholen. Noch zwei Runden in Mittel- und drei Runden in Dunkelbraun anschließen. Dann die Spitze (Seite 9 bzw. 10) in Dunkelbraun stricken.

Beide Socken gleich arbeiten.

Im Partnerlook

Materialangaben und
Anleitungen Seite 51

Sportsocken

Für Herren • Größe 42/43

MATERIAL

- *Regia 4fädig in Schwarz (Farbe 2066)*
- *Regia 4fädig in Hellgrau-Schwarz Mouliné (Farbe 1042)*
- *Nadelspiel Nr. 2 – 3 für beide Qualitäten*
- *Zopfmusternadel*
- *Sticknadel, abgerundet*

Maschenprobe

30 Maschen und 42 Reihen = 10 x 10 cm

Glatt rechts

Hinreihe rechts, Rückreihe links bzw. in Runden jede Runde rechts stricken

Bündchenmuster

Zwei Maschen rechts, zwei Maschen links stricken

Grundmuster

Siehe Strickschrift

Hinweis

Anleitung für Zopfmuster s. Seite 10

ANLEITUNG

64 Maschen in Schwarz anschlagen, gleichmäßig verteilt (16 Maschen pro Nadel) zur Runde schließen und 10 cm im Bündchenmuster stricken.

Es folgen eine Runde rechts in Schwarz und eine Runde rechts in Hellgrau-Schwarz. Anschließend den Schaft bis zum Beginn der Ferse im Grundmuster stricken. Schaft und Bund sind zusammen 20 cm lang.

Danach zwei Runden wie folgt stricken: Nadel 1 und 4 glatt rechts, Nadel 2 und 3 im Grundmuster. Damit das Zopfmuster besser zur Geltung kommt, vor Beginn der Ferse auf allen Nadeln je eine Masche nach links versetzen, d. h. die letzte Masche der ersten Nadel auf die zweite Nadel nehmen usw.

Dann die Bumerang-Ferse nach der Anleitung von Seite 8/9 ausführen, dabei die beiden „Extra-Reihen" wie folgt stricken: Nadel 1 und 4 glatt rechts und Nadel 2 und 3 im Grundmuster.

Den 22 cm langen Fuß stricken: Nadel 1 und 4 glatt rechts und Nadel 2 und 3 im Grundmuster.

Danach mit der Spitze beginnen. Die Abnahmen nach der Anleitung von Seite 9 bzw. 10 glatt rechts ausführen, bis nur noch acht Maschen auf den Nadeln liegen.

Den Faden abschneiden, mit einer Sticknadel durch die Maschen ziehen und vernähen.

Die zweite Socke gegengleich anfertigen, die Zöpfe jedoch gleich stricken.

Die Bündchen der fertigen Socken umschlagen.

Zeichenerklärung

□ = *rechte Masche*
– = *linke Masche*
= *vier Maschen verkreuzen: zwei Maschen abheben und auf die Hilfsnadel vor die Arbeit legen, zwei Folgemaschen rechts stricken, dann die beiden Maschen der Hilfsnadel rechts stricken, dabei auch die linken Maschen rechts stricken*
= *Rapportbreite*
= *Rapporthöhe*

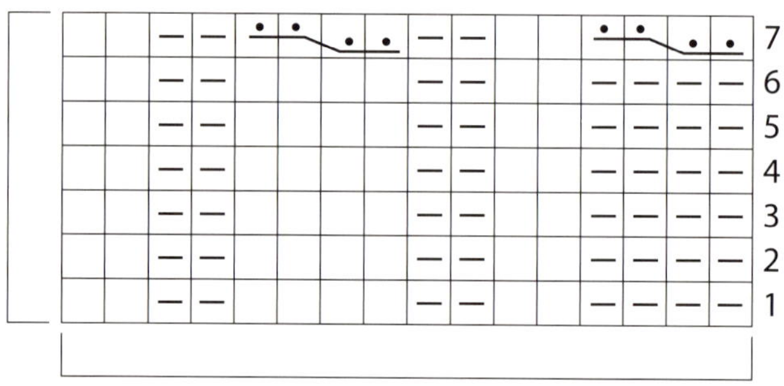

DOUBLE FISH

Blue Note

Für Herren • Größe 42/43

MATERIAL

- *Regia 4fädig in Hellblau (Farbe 1945) bzw. Regia 4fädig Ringel Color in Ringel Atlantik (Farbe 5045)*
- *Nadelspiel Nr. 2 – 3 für beide Qualitäten*
- *Sticknadel, abgerundet*

Maschenprobe
30 Maschen und 42 Reihen = 10 x 10 cm

Glatt rechts
Hinreihe rechts, Rückreihe links bzw. in Runden jede Runde rechts stricken

Bündchenmuster
Eine Masche rechts, eine Masche links stricken

Hinweis
Beide Paar Socken sind nach der gleichen Anleitung gestrickt

Grundmuster
- ** Erste Runde: fünf Maschen rechts, eine Masche links, eine Masche rechts, eine Masche links im Wechsel stricken*
- *zweite Runde: fünf Maschen rechts, eine Masche links, eine Masche rechts stricken, dabei diese rechte Masche jeweils in die Masche eine Runde tiefer einstechen (wie bei einer Patentmasche), eine Masche links * stricken*
- *von * bis * wiederholen*

ANLEITUNG

64 Maschen anschlagen, gleichmäßig verteilt (16 Maschen pro Nadel) zur Runde schließen und 3 cm im Bündchenmuster stricken.

Dann zwei Runden glatt rechts sowie den Schaft im Grundmuster stricken. Bündchen und Schaft sind zusammen 18 cm lang.

Anschließend zwei Runden wie folgt ausführen: Nadel 1 und 4 glatt rechts und Nadel 2 und 3 im Grundmuster.

Dann die Bumerang-Ferse nach der Anleitung von Seite 8/9 glatt rechts stricken.

Den 22 cm langen Fuß wie folgt arbeiten: Nadel 1 und 4 glatt rechts und Nadel 2 und 3 im Grundmuster.

Ist die Länge erreicht, mit der Spitze beginnen. Die Abnahmen nach der Anleitung von Seite 9 bzw. 10 glatt rechts ausführen, bis nur noch acht Maschen auf den Nadeln liegen. Den Faden abschneiden, mit einer Sticknadel durch die Maschen ziehen und vernähen.

Beide Socken gleich arbeiten.

In Brauntönen

Für Herren • Größe 42/43

MATERIAL

- *Regia 4fädig Color in Patch Antik Sand (Farbe 5753)*
- *Regia 4fädig in Schwarz (Farbe 2066)*
- *Nadelspiel Nr. 2 – 3 für beide Qualitäten*
- *Sticknadel, abgerundet*

Maschenprobe

30 Maschen und 42 Reihen = 10 x 10 cm

Glatt rechts

Hinreihe rechts, Rückreihe links bzw. in Runden jede Runde rechts stricken

Bündchenmuster

Zwei Maschen rechts, zwei Maschen links stricken

ANLEITUNG

64 Maschen in Sand anschlagen, gleichmäßig verteilt (16 Maschen pro Nadel) zur Runde schließen und 4 cm im Bündchenmuster stricken.

Eine Runde rechts anschließen und wie folgt weiterstricken: eine Runde in Schwarz glatt rechts, fünf Runden in Sand glatt rechts. Dies noch dreimal wiederholen und mit einer weiteren Runde rechts in Schwarz abschließen.

Danach den Schaft in Sand glatt rechts weiterstricken. Bündchen und Schaft sind zusammen 20 cm lang.

Dann die Bumerang-Ferse beginnen und nach der Anleitung von Seite 8/9 glatt rechts stricken.

Anschließend bis zu einer Fußlänge von 22 cm glatt rechts stricken.

Nun mit der Spitze beginnen. Die Abnahmen nach der Anleitung von Seite 9 bzw. 10 ausführen, bis nur noch acht Maschen auf den Nadeln liegen. Den Faden abschneiden, mit einer Sticknadel durch die Maschen ziehen und vernähen.

Beide Socken gleich arbeiten.

VARIANTE

Verwenden Sie anstelle von Patch Antik Sand das Garn Patch Antik Jeans, so entsteht eine interessante Variante in Blau, die sehr gut zu Blue Jeans passt. Mit Patch Antik Graphit erhalten Sie neutrale graue Socken.

Für Skatfreunde

Für Herren • Größe 42/43

MATERIAL

- *Regia Stretch 4fädig in Mittelgrau (Farbe 0098)*
- *Regia Stretch 4fädig in Schwarz (Farbe 0099)*
- *Regia Stretch 4fädig in Feuer (Farbe 0030)*
- *Nadelspiel Nr. 2 – 3 für alle Qualitäten*
- *Sticknadel, abgerundet*

Maschenprobe
30 Maschen und 42 Reihen = 10 x 10 cm

Glatt rechts
Hinreihe rechts, Rückreihe links bzw. in Runden jede Runde rechts stricken

Bündchenmuster
Zwei Maschen rechts, zwei Maschen links stricken

Stickmuster
Siehe Stickschrift; Karo und Herz in Rot, Kreuz und Pik in Schwarz sticken

Maschenstich
Dieser Stich zeichnet die V-Form einer rechten Masche nach: von hinten nach vorn ausstechen und am oberen rechten Ende der Masche zurückstechen. Am linken oberen Ende der Masche wieder nach vorn ausstechen, an der Spitze des „V" wieder einstechen.

ANLEITUNG

64 Maschen in Mittelgrau anschlagen, gleichmäßig verteilt (pro Nadel 16 Maschen) zur Runde schließen und 2 cm im Bündchenmuster stricken. Fünf Runden glatt rechts anschließen.

Dann wie folgt weiterarbeiten: eine Runde rechts in Rot, eine Runde rechts in Schwarz und 23 Runden rechts in Mittelgrau. Eine Runde mit zwei Maschen rechts in Rot, zwei Maschen rechts in Schwarz im Wechsel anschließen.

Danach eine Runde rechts in Rot, eine Runde rechts in Schwarz, drei Runden rechts in Mittelgrau, eine Runde rechts in Rot, eine Runde rechts in Schwarz und eine Runde rechts in Rot stricken.

Bis zum Beginn der Ferse in Mittelgrau glatt rechts weiterstricken. Der Schaft ist inklusive Bündchen 15 cm lang.

Die Bumerang-Ferse nach der Anleitung von Seite 8/9 in Mittelgrau glatt rechts stricken.

Anschließend den Fuß in Mittelgrau glatt rechts stricken. Nach 20 cm folgt eine Runde rechts in Schwarz, eine Runde rechts in Rot und eine Runde rechts in Schwarz. In Mittelgrau bis zu einer Fußlänge von 22 cm weiterstricken.

Danach die Spitze beginnen. Die Abnahmen nach der Anleitung von Seite 9 bzw. 10 ausführen, bis nur noch acht Maschen auf den Nadeln liegen.

Den Faden abschneiden, mit einer Sticknadel durch die Maschen ziehen und vernähen.

Beide Socken gleich arbeiten.

Karo, Herz, Kreuz und Pik im Maschenstich aufsticken.

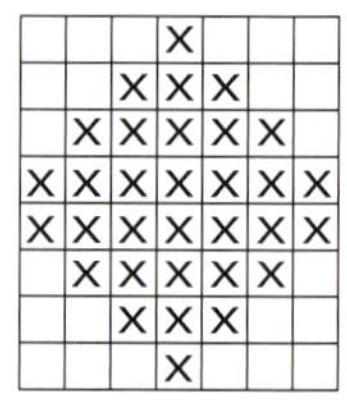

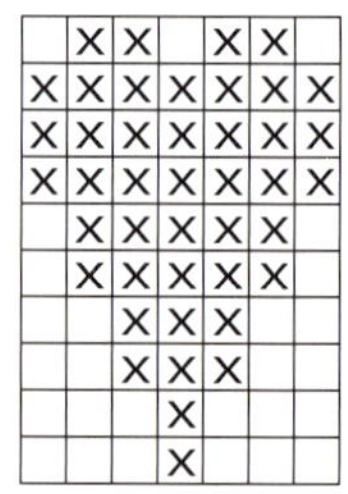

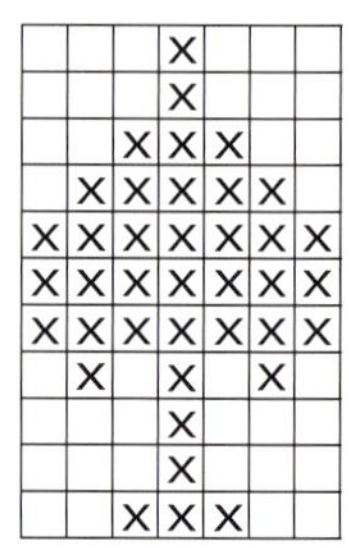

Impressum

© Christophorus
im Verlag Herder
Freiburg im Breisgau 2007

ISBN: 978-3-419-53454-0

Lektorat, Gestaltung & Produktion: Elke Fox, Freiburg

Fotos: Roland Krieg, Waldkirch

Layoutentwurf: Network!, München

Coverproduktion: art & weise, Freiburg

Druck: Himmer, Augsburg

Verlag Herder GmbH
Christophorus-Verlag
Hermann-Herder-Straße 4
79104 Freiburg
Tel.: 0761 / 27 17-0
Fax: 0761 / 27 17 - 3 52
oder E-Mail:
info@christophorus-verlag.de
www.christophorus-verlag.de